看图学 MMA 综合格斗

继续者张付

编著

人民邮电出版社

北京

图书在版编目（CIP）数据

看图学MMA综合格斗 / 继续者张付编著. -- 北京：
人民邮电出版社，2024.10
ISBN 978-7-115-62934-0

Ⅰ．①看… Ⅱ．①继… Ⅲ．①格斗－图解 Ⅳ.
①G852.4-64

中国国家版本馆CIP数据核字(2023)第194608号

内 容 提 要

本书由多年从事MMA（综合格斗）研究、具有丰富MMA教学经验的继续者张付老师编著。

本书共分5章。第1章介绍了MMA的基础知识，第2章讲解了MMA的攻击技术，第3章介绍了MMA的闪避、受身和防御技术，第4章讲解了MMA的防反技术，第5章重点就MMA的技术风格与借助笼边的攻击技术进行了阐述。无论是专业的武者还是普通人，都能在本书中找到适合自己学习的技术内容。

本书在讲述具体格斗技术的时候，都以文字阐述清晰的技术步骤，并搭配图片，简单易懂，适合格斗爱好者和MMA初学者学习。

- ◆ 编　　著　继续者张付
　　责任编辑　刘日红
　　责任印制　彭志环
- ◆ 人民邮电出版社出版发行　　北京市丰台区成寿寺路 11 号
　　邮编　100164　　电子邮件　315@ptpress.com.cn
　　网址　https://www.ptpress.com.cn
　　涿州市般润文化传播有限公司印刷
- ◆ 开本：700×1000　1/16
　　印张：9.75　　　　　　　　2024 年 10 月第 1 版
　　字数：196 千字　　　　　　2025 年 11 月河北第 3 次印刷

定价：39.80 元

读者服务热线：**(010)81055296**　印装质量热线：**(010)81055316**
反盗版热线：**(010)81055315**

继续者张付 »

作者
简介

1. 格斗体能训练专家，战术格斗体系训练专家。

2. 曾为省散打队退役运动员提供 MMA 技术训练指导服务。

3. 曾在某特种警侦部队、中国人民解放军某机动突击队和中国人民公安大学等机构进行战术格斗技术与战术体能教学，将 MMA 技术中适用于战术格斗的部分引入部队战术格斗技术中，并在部队组织了多场战术擒摔及战术格斗比赛。

4. 在北京大学进行格斗技术（包含 MMA 技术）与格斗体能教学 4 年，组织过多场战术擒摔、战术格斗及有护具的 MMA 比赛。

5. 为国家散打队队员王文忠备战 2017 年全运会提供格斗专项体能训练指导服务。同年，王文忠在世界超级散打王争霸赛中战胜伊朗名将获得冠军，并获得了首届亚洲杯武术散打比赛 90 公斤级冠军。

6. 曾为里约奥运会金牌选手提供专项体能训练指导服务。

计县、姜龙云、尚志法、李昊原、万潇参与本书技术动作演示，周琳负责本书图片摄影和优化的主要工作，孙志健参与本书摄影工作。

目录

第1章 MMA的基础知识/1

第2章 MMA的攻击技术/21

第3章 MMA的闪避、受身和防御技术/81

第4章 MMA的防反技术/103

第5章 MMA的技术风格与借助笼边的攻击技术/139

MMA的

基础知识

MMA，通常译为综合格斗，是一种规则开放的、有护具的竞技格斗运动。MMA比赛使用的护具有分指拳套、护齿和护裆。广义的护具还包括选手面部涂抹的凡士林。

MMA比赛允许选手站立打击，也可进行地面缠斗；选手可使用拳击、散打、踢拳、摔跤、柔道、桑搏、柔术、泰拳、空手道、截拳道、中国功夫等多种技术。

MMA运动开放式的赛事规则为不同风格的格斗选手创造了统一的平台。选手们在公开的环境下，使用拳腿膝肘等站立打击技术、摔投技术、关节技与绞技等不同技术公平竞技，并形成了系统而独特的MMA技术体系。

规则及器械

格斗体位

格斗技术的训练方法

1.1 规则及器械

1.1.1 禁击部位

MMA中禁止被攻击的部位包括眼球、后脑、腹股沟（裆部）、脊椎、手指、咽喉等。

1.1.2 禁用格斗技术

> **提示** 以下MMA禁用格斗技术以终极格斗冠军赛（UFC）为例，其他MMA赛事的禁用技术略有不同，具体规则参见赛事要求。

1. 头槌攻击，用头撞人。

2. 任何形式的手指挖眼。

3. 拉头发。

4. 把手或脚等伸入对方口腔内。

5. 任何形式的击打腹股沟（裆部），包括踢击腹股沟、拳击腹股沟、膝击腹股沟、肘击腹股沟和抖击腹股沟等。

6. 手指探入对手身上的窍孔或已经出现的创伤、裂口。

7. 小关节控制。例如，单独拉一根手指的指关节。

8. 用肘尖垂直向下进行攻击，如下砸肘。

9. 攻击脊椎或后脑的各种打击技。

10. 用脚跟攻击对手肾脏部位。

11. 对咽喉进行的任何形式的攻击，包括抓、掐等。

12. 针对肌肉的挖、刺、扭等。

13. 抓对手的锁骨。

14. 踢击倒地对手的头。

15. 针对头部的地面膝击。

16. 踩踏倒地的对手。

17. 将对手头颈向下倒插入地的摔法。

18. 撕咬对方。

> **提示** 　有些 MMA 比赛允许踩踏、足球踢、地面膝击头部、下砸肘等攻击，请参赛者认真阅读赛事具体规则。

1.1.3 可用格斗技术

MMA 可用格斗技术包括以下部分。

1. 站立打击技：拳法、腿法、膝法、肘法（某些赛事禁用）和肩撞等。

2. 地面打击技：砸拳、地面拳、地面肘（下砸肘在某些赛事中被禁用）和地面膝（某些赛事禁用）等。某些赛事允许踩踏和足球踢。

3. 摔投技：砸摔、绊摔、抱腿抱腰摔、背负投、接腿摔、舍身摔和某些基于站立关节技的摔法等。

4. 地面关节技：肘关节技、肩关节技、膝关节技和踝关节技等。

5. 地面绞技：手臂绞技、腿部绞技等。

1.1.4 回合与时间

以 UFC 为例，头衔争夺赛包括 5 回合，每回合 5 分钟；非头衔争夺赛包括 3 回合，每回合 5 分钟；回合间休息 1 分钟。

某些 MMA 比赛也有 3 回合，每回合 3 分钟。

1.1.5 胜负判定

以下规则以 UFC 为例，其他根据赛事的具体情况判定。

1. TKO 获胜。即技术性击倒获胜，场上裁判终止比赛并判被击倒者负。通常被击倒者倒地后没有明显反击与防守动作，攻击方继续攻击，裁判即可判被击倒者被 TKO。

2. 降服获胜。认输或被降服者可以通过拍地（或者拍对方身体）认输，也可以举手示意并口头认输。

3. 根据点数判定胜负。判分标准及裁判规则如下。

（1）所有比赛都由 3 位判分员打分，判分员围绕拳台分别坐在不同位置，对场中选手的表现进行评估；裁判不可以兼任判分员。

（2）比赛采用 10 点扣分制，例如某一回合，给予该回合的胜者 10 分、败者 9

分，以此类推计算。

（3）判分员可将选手的技术表现作为评估标准，例如有效的打击、缠斗、节奏的控制、场面上的主动性及防守等。

（4）在评估选手的技术表现时，应将拳腿打击力效率更高、缠斗能力更强、控制更好、进攻更主动、防守更严密的一方作为优势方，并在打分上评出优劣。

（5）选手的打击是否有效由合法攻击的总数决定。

（6）选手的缠斗是否更具优势取决于成功的扭摔及地面扭缠的次数。例如，一位选手在站立状态直接下潜抱摔扭倒对手、躲过地面双腿布置的防守后占据骑乘位，以及下位的选手积极部署的双腿防守等，都是缠斗的评判标准。

（7）比赛的控制优势取决于选手在对决中的节奏、所处的位置与形势等。

例如，在对方尝试抱腿摔时屹立不倒并反击，反将对手拖入地战并尝试降服技术；突破地面防守占据骑乘位，为有力的地面打击创造条件等，都可视作比赛控制方面的表现。

（8）进攻性方面的优势体现在积极移动、压迫对手并伴以打击。

（9）优势防守意味着避免或减少对手有威胁的进攻、抱摔与纠缠等所造成的伤害，并能保持反击。

（10）每回合后，判分员根据选手的表现对照分数标准进行评分。具体如下。

若某一回合两位选手表现难分高下，双方都没有明显的优势，那么比分应为10∶10。

如果一位选手在某一回合比赛中所展现出来的拳腿打击效率、缠斗等都比对方更有优势，那么这位选手的得分应高过对手，此回合的比分就为10∶9。

如果某一回合中，一位选手在打击、缠斗等方面相比对手都有极大的优势，此回合比分就是10∶8。

如果在某一回合比赛中，一位选手从始至终都压制着对手，完全压倒了对方，没有给对手一丝机会，此回合比分就为10∶7。

（11）判分员须记好选手在保持站立或地面状态的时间，作为参考标准。举例如下。

如果选手在某一回合中的绝大部分时间都身处地面，那么优先考虑地战中的各选手的表现，其次才是选手的站立拳腿表现。

如果选手在某一回合中的大部分时间都处于站立状态，那么，优先考虑选手的站立表现，其次再考虑选手的地战表现。

当一名选手在某一回合中，站立或地面状态中都有着极大的优势，那么此回合比分为10∶8。

如果某一回合双方在站立与地面的时间大致相当，那么须同时考虑双方在拳腿与缠斗方面的表现。

以上的 UFC 规则，对于"比对方更有优势"的 10 ∶ 9、"比对手有着极大的优势"的 10 ∶ 8、"从始至终都压制着对手"的 10 ∶ 7，没有对技术进行量化，模糊不清，全看裁判主观判断；且对于实力接近者，一般的观众很难看出谁优谁劣。这种模糊的判分形式，不利于 MMA 这项竞技运动的发展。

4. 主教练丢白毛巾。丢白毛巾的一方被判负。

5. 医务监督终止比赛。医务监督根据场上运动员受伤情况判定该运动员是否可以继续比赛。如果医务监督判定某方运动员因伤重不能进行比赛，且该伤非对方使用犯规动作造成的，一般判伤重方告负。

1.1.6 比赛护具

1. 分指拳套

目的：降低被拳法击中者出现颅面部骨折、肋骨骨裂的风险，降低出拳者指骨和掌骨骨折的概率，降低出拳者拳锋处皮肤磨破的概率。

2. 护裆

目的：选手被无意间击中腹股沟时，降低发生严重损伤的概率。

3. 护齿

目的：防止牙齿被打脱落，降低口腔内黏膜被挫破的概率。

4. 脸上涂抹凡士林

目的：减轻拳击到面部时的打击力。

1.1.7 训练器械

1. 场地器材

MMA 可以在格斗笼中进行比赛，例如 UFC 的八角笼。UFC 八角笼的面积为 70 平方米，由钢丝网围成八边形场地，钢丝网由一种黑色人造皮包裹。擂台直径 9.8 米，围栏高度 1.8 米，整个擂台比地面高出 1.2 米，有两个可供出入的门。在围栏的上方以及 8 根柱子上都围有泡沫衬垫，地面上是印有赞助商标的垫子。比赛中，只有两名选手和一名裁判允许进入笼内，两回合之间，会打开两个门供双方选手团体入场。

MMA 也可以在圆形笼中比赛，还可以在围绳拳台中比赛。

场地器材会影响 MMA 格斗技术，例如笼斗场可以利用笼子进行压制攻击，通过蹬踏笼子进行地面位笼边逃脱压制、蹬笼反弹冲拳攻击等；而围绳拳台则没有基于笼子情景的攻防技术。

2. 训练用器材

平时训练不可能直接按照比赛流程进行，初学者需要在MMA技术与MMA专项体能上不断升级，才能成为一名职业选手。这需要一个循序渐进的过程，也需要一些训练器材的辅助配合。单就MMA格斗技术而言，需要如下器材：MMA分指拳套、拳击手套、护齿、护裆、手靶、脚靶、胸靶、护胸护腰、护小腿、拳击头盔、面罩头盔、沙袋、球形沙袋、柔术沙人、搏击反应棍等。

除了训练器材外，初学者需要一名合格的MMA教练及至少一个训练搭档。很多技术很难一个人学会。

1.1.8 可能出现的损伤

1. 擦伤、破口、瘀青。攻击比较正，更容易造成瘀青；打击技擦过，更容易造成擦伤与破口，例如平击肘很容易造成面部破口。

2. 颅面部打击伤与骨折。巨大的打击技冲击力，有一定概率造成颅面部骨折，例如扫腿击中面部；而面部出现骨折概率较高的部位是鼻梁和眉骨。

3. 脑震荡。重拳击打头部、重腿击打头部、重肘重膝均有一定概率造成对方脑震荡。另外，大力砸摔时，如果对方头部着地，也有一定概率造成脑震荡。

4. 晕眩。MMA造成晕眩分为打击性晕眩和绞技类晕眩。前者主要是打击技所致，一般击打下颌出现眩晕的概率较高；后者是通过MMA中的各种绞技造成对方脑部缺血缺氧。

5. 四肢闭合性骨折。打击技和破坏式格挡技术有一定概率造成四肢骨折。例如重扫腿踢到低位的前臂，有一定概率造成前臂骨折；用破坏式格挡技术防御低扫腿，直接造成攻击者胫骨骨折。

6. 肋部骨折。中段扫腿重击、膝击以及肘击，都有一定概率造成肋骨骨折，但大多数是骨裂。分指拳套降低了拳法的攻击力，拳法造成肋骨骨裂的概率很低。

7. 关节伤。MMA大量使用关节技，关节软骨、韧带、肌腱都可能受伤，不同类型的关节伤，将在下文介绍关节技使用时给出。

8. 内脏出血。拳击、膝击、肘击、蹬踹攻击对方躯干，都有一定概率造成对方内脏破裂或者损伤，尤其是脾脏、肾脏这些比较脆弱的器官。因此，一方面MMA比赛规则中规定，尽量避免肾击；另一方面，对于脾脏等器官，专业MMA格斗选手一定要练就很强的腹肌，用以保护内脏器官，同时腹壁抗击打应激训练也必不可少。

以上的各种伤害可能很可怕，但专业的MMA防守技术训练可以有效降低各种攻击造成伤害的程度，也可以有效降低对方攻击的成功率。因此，在训练本书第2章中的

MMA 各种攻击技术的同时，不要忘了认真训练本书第 3 章中的闪避、受身与被动防御技术，以及第 4 章中的防守反击技术。

1.2 格斗体位

1.2.1 站立格斗位

打击技格斗架势

（1）站立格斗架势左势（图 1-1）

一般为惯用右手者选用的架势：左手和左脚在前，右手和右脚在后，两脚叉开，身体以左半侧面向目标；双手呈拳或微张开的手形，举至肩高，右手护住右下颌，两肘夹紧双肋。

（2）站立格斗架势右势（图 1-2）

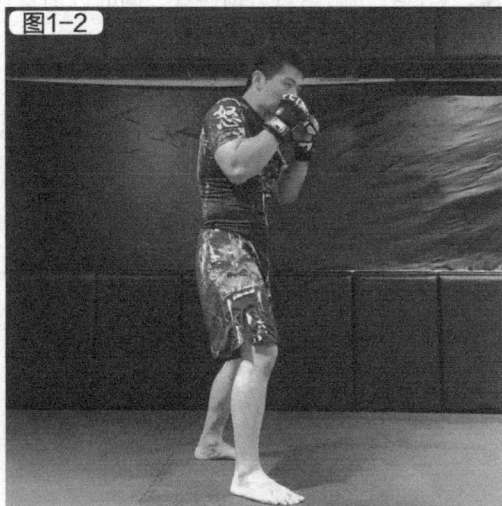

图1-1　　　图1-2

一般为惯用左手者选用的架势：右手和右脚在前，左手和左脚在后，两脚叉开，身体以右半侧面向目标；双手呈拳或微张开的手形，举至肩高，左手护住左下颌，两肘夹紧双肋。

站立格斗架势的作用：格斗架势使全身主要关节微屈，肌肉绷紧，这种姿势对外力冲撞将产生更好的平衡应激。

动作分析

站立格斗架势下肢动作分析：重心下沉，两腿呈浅弓步微蹲，两脚尖微向内扣或朝前。腿部肌肉呈随时启动状态，可有效防止被撞倒或失去平衡。

站立格斗架势上肢动作分析：前手可以攻击、抓擒或者控制距离，后手重拳伺机攻击；两手握拳后在下颌两侧，以随时防御对方攻击下颌的拳法或腿法；两肘夹紧在肋部两侧，将要保护的内脏和胸部控制在两手臂的包围中；右肘防御对方对肝区的扫腿或肋击；左手防御对方对左侧肋的攻击；如果对方冲过来，可以用双手或前臂顶住"向外推"，同时身体后撤步，做防摔动作。

（3）摔柔架势（图1-3）

本架势是站立格斗架势的变形动作。由站立格斗架势开始，伺机躬身，重心下降，双手下垂，两手张开并前伸，变成低位摔跤防守架势，以防守对方的主动抱摔。

近身摔柔架势作用分析：重心比一般的站立格斗架势更低，其防摔效果更好；同时，采用本格斗架势者下潜抱摔的动作也更迅速。使用本格斗架势需要多留心防御对方高扫腿踢头颈、膝击、前踢下颌以及下勾拳。

（4）站立张手防御位（图1-4）

本架势是站立格斗架势的变形动作。由站立格斗架势开始，伺机将前手前伸，呈开掌，目的在于封堵对方前手拳，同时以前臂作为尺度测量距离；后手伺机而动，出拳闪击。

图1-3

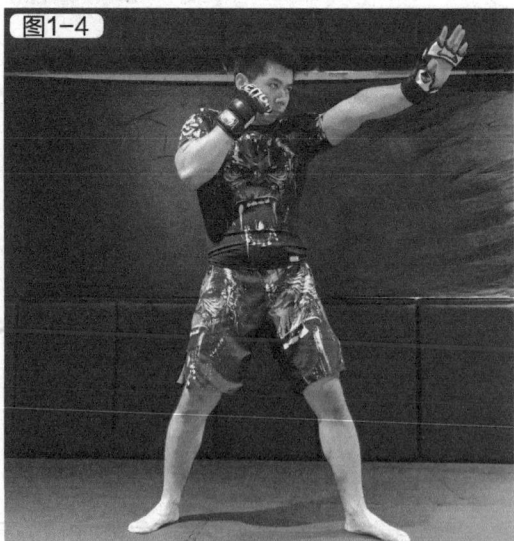

图1-4

站立张手防御位的后手可以呈开掌或呈拳。本格斗架势只有一部分 MMA 运动员采用。

站立张手防御位架势作用分析：本格斗架势在目测距离的基础上，加入了手臂本体感觉距离，其距离控制效果更好，为后手闪击创造条件；其缺点是前臂前伸开掌，前手拳加速距离不足，削弱了前手拳的威力。

站立面对面位

两名运动员采用自己喜欢的格斗架势，面对面站立，伺机攻击的站位（图1-5），是运动员最常见的格斗站位，也是比赛起始时的站位。

面对面站位的特点：双方充分发挥视觉测距及本体感觉，攻防对称。

图1-5

站立侧位

（1）**L形站位**（图1-6）：以我方站在对方右侧的 L 形站位为例，两个人身体构成俯视的 L 形。L 形站位是在双方游走格斗过程中的过渡位置，抓住这个位置的攻击时机，有更大的优势。

（2）**T形站位**（图1-7）：以我方站在对方右侧的 T 形站位为例，两个人身体在俯视位呈 T 形。T 形站位也是在双方格斗过程中的过渡位置，抓住这个位置的攻击时机，有更大的优势。

T 形站位横位：横位者面朝对方侧位，可进行的攻击包括直拳击太阳穴，摆拳击面部；肘击；扫腿击腹部、腘窝或面部；箍颈膝撞面部；抱腿摔、绊摔、勾踢摔、侧位抱腰砸摔、倒垃圾投等。

T 形站位竖位：竖位者侧朝对方正面，通过攻击和步伐快速移动呈面对面位，并可以防御对方的抱摔。竖位者可以进行的攻击包括侧踹、侧位拳、侧顶肘、侧推等。

图1-6

图1-7

站立背位

图1-8

一方站在另一方背后的站立格斗位。本位置是格斗过程中短暂的过渡位置，例如对方扫腿击空后的瞬间、转身边拳击空后的瞬间、被对方绕身后的瞬间（图1-8）。

（1）**面朝对方后背**：可进行低、中、高3段扫腿攻击，摆拳击太阳穴，近身裸绞窒息对方，倒垃圾投、后方抱腿顶腰摔、过桥摔等。

（2）**后背对向对方**：应马上转身回归面对面位，否则非常危险。后背对向对方可以进行后蹬腿攻击，攻击后应马上转身。自身被对方从后背抱住的处理详见下文防守反击策略。

MMA 站位中的"内和外"

"内"：指近身位对方两臂前伸，在对方两臂内侧为"内"，一般用于对付各种摆击或旋转攻击（包括摆拳扫腿等）。在格挡与反击时要尽量使自己进入对方两臂之间。

"外"：指近身位对方两臂前伸，在对方两臂外侧为"外"，一般用于对付各种直线攻击（直拳、正蹬等）。在格挡与反击时要使自己闪身到对方外侧。

口诀：直线走外，摆击走内。

1.2.2 站立对地面位

"对方站我方倒"状态释义：对方用摔法使我方倒地，或者我方因自身原因倒地，同时对方处于站立位的状态（图1-9）。

"对方站我方倒"的危害：对方可以利用踩踏和足球踢攻击我方，也可以使用上位压制砸拳或者上位降服技。

"对方站我方倒"，对方可进行的后续攻击：踩踏、足球踢、压制位（包括骑乘位、跪骑位、四方位、南北位）和压制攻击（包括砸拳、肘击、膝击等）。

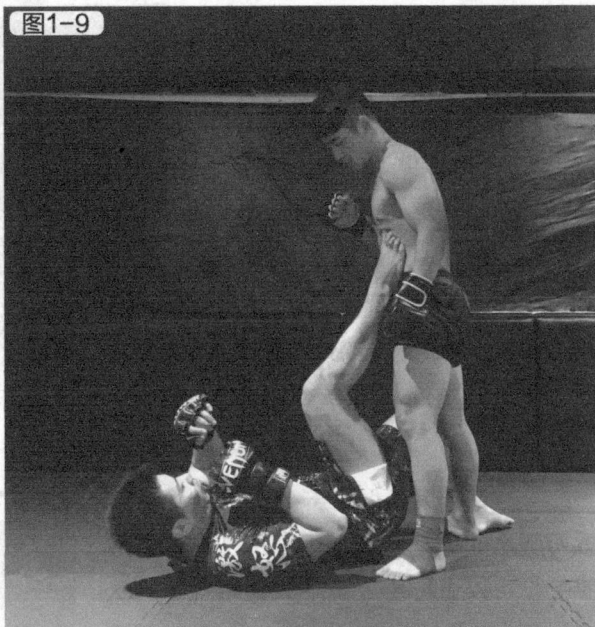
图1-9

1.2.3 地面格斗位

预备知识——**地面格斗架势**（图 1-10）：平躺于地面，双手屈肘抱头两侧以阻挡对方对我方头侧的踢击。一条腿膝盖屈曲呈90度，脚平放于地面，脚向地面发力并扭动腰身，使身体在地面任意旋转；另一条腿抬起，膝盖微屈，脚部悬空，伺机蹬踹对方膝盖、脚踝或胫骨前端，为地面绊摔或快速起身创造条件。

图1-10

地面骑乘位

一方跨骑在另一方胸腹部的地面格斗体位，膝盖夹紧对手身体。骑乘靠近胸颈部称为骑乘位上段，在下位者重心附近称为骑乘位中段，靠近腹部和髋部称为骑乘位下段（图1-11）。骑乘位对于上位者有利，上位者可以进行砸拳、砸肘攻击；而下位者需要通过翻转、裆下逃脱等方式逃离骑乘下位。

图1-11

地面跪骑位（地面开放式防守位）

一方仰躺且两腿打开，另一方跪在对方两腿之间的地面上，用躯干压在对方胸腹上，可以进行由上至下的砸拳攻击的状态（图1-12）。下位方称为地面开放式防守位，可以布置下位十字固、下位三角绞等攻击；上位压制方称为跪骑位，可以进行砸拳攻击。

图1-12

地面横四方位

对手仰躺，我方在对手侧面压制住对手上半身的地面格斗体位（图1-13）。地面上位者可以施展打击技和降服技；下位可以翻转或者旋转成开放式防守位，或使用下位的降服技和打击技。

地面侧卧压制位（袈裟固位）

我方在对方右侧侧卧压制位，对方仰卧，我方两腿分开侧卧压制（图1-14）。我方左手抓住对方右臂，使其右臂位于我方右腿上侧，并使对方右臂尽量伸直，然后用左臂肘弯夹住对方右前臂。

我方伸右臂绕过对方后颈，用右肘窝肱二头肌压住对方左侧颈动脉，右手和左手扣握，并用腋下向对方喉部位置下压，右臂尽量将桡骨侧向上，两手扣握；同时我方用身体重量向对方颈部下压，即可形成袈裟固。

图1-13

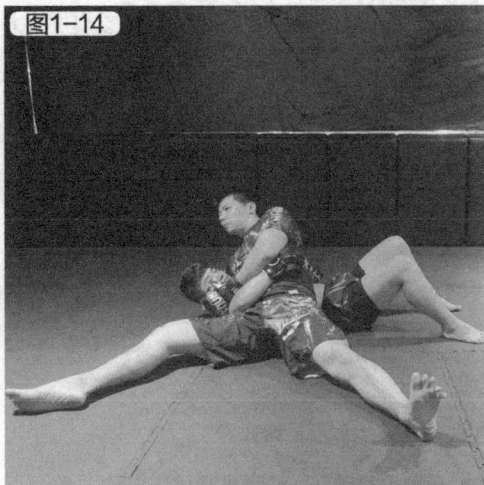

图1-14

南北位

　　我方身体与对手接近一条直线，对方仰躺，我方在对方头部位置进行压制的地面格斗体位（图 1-15）。柔道中叫作上四方固，可于对手在我方四方位压制下试图转身时使用。南北位上位可以进行砸拳、肘击、膝击等打击技攻击，也可以布置南北位手臂三角绞等攻击；南北下位要尽可能旋转成封闭式防守位，或通过滚翻变成上位。

图1-15

地面拿背位

　　我方在对方背后设法控制对方的格斗体位。我方一般用腿部缠住对方腰部，双手缠住对方颈部或手臂（图 1-16）。拿背方可以进行裸绞、摆拳、腋下勾拳等攻击；被拿背方要尽量翻转身体成面对面位。

图1-16

地面膝压位

我方膝盖压在对方腹部，另一条腿支撑身体以保持平衡，同时用同侧手尽量控制对方对侧手臂的地面格斗体位（图1-17）。这个位置可以转换到骑乘位，或者部署上位十字固等降伏技，也可以直接砸拳攻击。

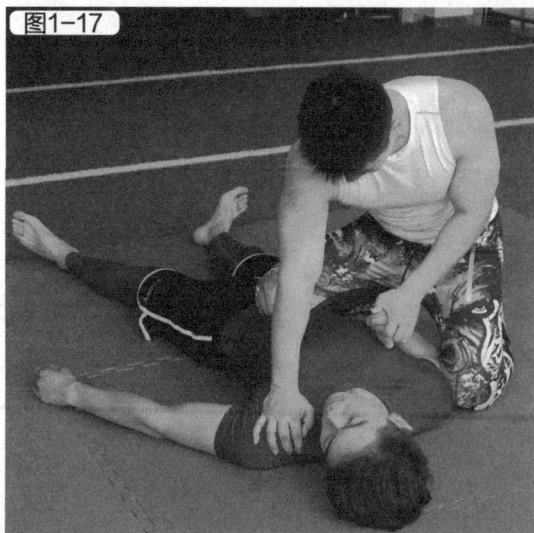

图1-17

1.2.4 站立格斗的基本移动

前滑步

技术详解：格斗架势站立，后脚发力前推，前脚上步，后脚跟步。

训练作用：配合各种前冲类攻击。

后滑步

技术详解：格斗架势站立，前脚向后推，后脚后撤一小步，前脚立刻跟步。

训练作用：配合各种后撤步闪身。

侧滑步

技术详解：格斗架势站立，右脚向右蹬推，左脚向左侧跨一小步，右脚立刻向左跟步，完成左侧滑步。左脚向左蹬推，右脚向右侧跨一小步，左脚立刻向右跟步，完成右侧滑步。

训练作用：完成各种侧向闪躲或闪身。

1.2.5 地面格斗的基本移动

仰卧行进

（1）仰卧前行

技术详解：训练者仰卧地面，两脚抬起，用左侧臀部和右侧肩胛骨，及右侧臀部和左侧肩胛骨交替发力，使后背贴地前行；也可加入脚蹬地的力量，形成左脚、左臀、右侧肩胛骨及右脚、右臀、左侧肩胛骨交替支撑发力的仰卧前行。

训练作用：训练地面战下位者更好地贴近对方的能力，例如对对方实施下位十字固或者封闭式防守时需贴近对方，若对方离我方不够近，可以在控制对方手臂的同时利用柔术式仰卧前行靠近对方，进而实施下位十字固攻击。

（2）仰卧后行

技术详解：训练者仰卧地面，两脚抬起，用左侧臀部和右侧肩胛骨，及右侧臀部和左侧肩胛骨交替发力，使后背贴地后行；也可以将膝屈曲，两脚底平放于地面，左脚蹬地，身体向右扭动后行；然后右脚蹬地，身体向左扭动后行；依次交替，快速完成仰卧位持续后行。

训练作用：训练地面战下位者更好逃离对方的能力。例如对方跪骑位上位，下位者如果贴对方太近，容易被砸拳击打，也很难用自身胫骨顶住上位者大腿控制距离，同时增加了坐起逃脱的难度。仰卧后行提高了下位逃脱的概率。

（3）仰卧侧行

技术详解：训练者仰卧地面，两脚抬起，用左侧臀部和右侧肩胛骨，及右侧臀部和左侧肩胛骨交替发力，使身体横向在地面上扭动行进；也可以加入脚蹬地的发力，提高地面侧移的速度。

训练作用：训练地面战下位者侧向移动的能力，为翻转或逃脱创造机会。

仰卧防守架势转体

技术详解：训练者呈地面防守架势，两手抱头，肘尖向外，一只脚踩地，另一只脚悬空蓄势待发，伺机蹬踹对方身体；用踩地脚向侧下方蹬地，使身体向与踩地脚相反的方向旋转，完成规定圈数；换另一只脚踩地，向另一个方向旋转。

训练作用：训练地面位防御对方拳脚打击技的能力，同时增强核心肌群在地面位旋转时的协同发力能力。

1.3 格斗技术的训练方法

单人空击训练法

通过身体空击动作，形成基础格斗技术动力链的初学者训练法。单人空击训练法的格斗技术包括拳法空击、腿法空击、肘法空击、膝法空击、组合打击技攻击、基本步法训练、部分摔法的动力链训练（例如背负投动力链训练）、手臂三角绞的手形训练、三角绞的腿形训练、地面体位转换训练、受身训练等。

训练频率：每天皆可练。

单人击固定靶训练法

单人通过击打沙袋、球形沙包、格斗固定假人等器具进行格斗训练的方法，适用于各种打击技训练，包括拳法、腿法、肘法、膝法、肩撞、下潜冲撞抱等。本方法可以强化格斗打击技动力链，提高训练者的基本击打力，熟练掌握基本打击技攻击组合，并使训练者的腕、肘、肩、膝、踝等关节适应打击技的反作用力。

训练频率：每天皆可练。

双人慢速对练训练法

MMA中的精准打击位置感、躲闪、格挡、摔法动作、角力、抗击打、地面关节技与绞技动作的习得不可能靠单人训练完成，需要训练搭档辅助完成。当以上技术开始习得时，需要用慢动作和搭档尝试，以产生精准的动作习得，形成技术动作自动化过程。举例如下。

（1）拳法：尽可能击打下颌，而非对着头面部乱打。需要用慢速拳法触碰搭档的下颌，然后增加搭档躲闪、格挡甚至慢速反击，以训练我方精准击打目标的手感。

（2）躲闪：在开始学习阶段，也要对方配合慢速直拳、出腿、抱摔，使我方先熟悉躲闪的基本动作，循序渐进提高速度，直至加入躲闪后的反击。

（3）格挡：在开始学习阶段，要对方配合慢速直拳、出腿，使我方先熟悉格挡的基本动作，循序渐进提高速度，直至加入格挡后的反击。

（4）摔法：动作必须对着人体或假人进行训练，以体会力量感，初期要慢速习得动作。

（5）角力：需要双人进行，初期要缓慢给力，让初学者形成角力中的本体感觉，再加快速度。

（6）抗击打训练：初期不但要慢速进行，而且要控制力度，循序渐进地增加击打速度和力度。抗击打训练必须以格斗肌肉的增长为前提，没有强大腹肌的腹部是难以承受重拳、重膝攻击的。

（7）地面关节技与绞技：更加需要前期的慢速动作，以纠正动作细节，几厘米的误差就可能导致关节技无法达成效果。绞技需要在前期既能习得攻击动作，又能体会慢速的绞技窒息感，才可以更全面地了解格斗技术。

很多人没有成为优秀的 MMA 选手，关键在于初期对打练基本功时没有形成精准攻防的条件反射。格斗实战中，粗糙的攻击不但会降低有效打击的概率，同时也会耗费自身更多的体能。而粗糙的防守技术会给我方留下很多漏洞，进而造成自身失利。

训练频率：每天皆可练。

双人快速技术链训练法

当每一个单独技术动作形成动作自动化后，需要加快攻防速度；同时把一些符合格斗规律的技术组成格斗技术链，进行双人对练下的快速技术链训练，从而更加接近实战中的组合攻击要求。

训练频率：每天皆可练。

技术分离训练法

把 MMA 分解成拳击训练、站立拳腿膝肘打击训练、摔投与防摔训练、地面砸拳与防守训练、地面寝技训练几个单元，进行分离训练，以熟悉某种格斗技。初期训练可以采用此种方法。

训练频率：最好每周训练。

技术整合训练法

MMA 是综合格斗，实战中一定是打击技、摔投技、锁技、绞技的综合运用，因此 MMA 训练中后期要以整合训练为主。例如，拳法＋摔法＋地面格斗、腿法＋接腿＋地面格斗、摔法防拳＋地面格斗、防摔＋地面格斗、打击技＋摔投技＋锁技＋绞技等。

训练频率：每周至少训练 2 次。

击移动靶训练法

对手永远是运动的，击打固定靶只能训练基本的打击动作，而无法形成对运动对手的应激体能素质，因此需要靶师或搭档持靶训练我方在运动中的实际打击能力。

常见的击靶训练法包括：手靶组合拳训练、手靶攻防训练、脚靶拳腿膝肘组合攻击训练、脚靶踢打摔攻防训练、胸靶膝肘腿重击训练、胸靶地面打击技训练、车轮战击靶训练、沙人靶综合训练。

训练频率：每天皆可练。

沙人训练法

利用沙人进行摔投技、锁技、绞技和地面控制的训练法（图 1-18）。MMA 中的沙人训练法需要双臂双腿均分开的沙人。沙人训练法可以一个人持沙人训练，也可以由搭档抬起沙人进行打击、摔投、锁技、绞技的综合训练。

关于沙人重量的选择，一般人选择较轻的，专业运动员选择大于一倍自身体重的。按照继续者 MMA 格斗训练原

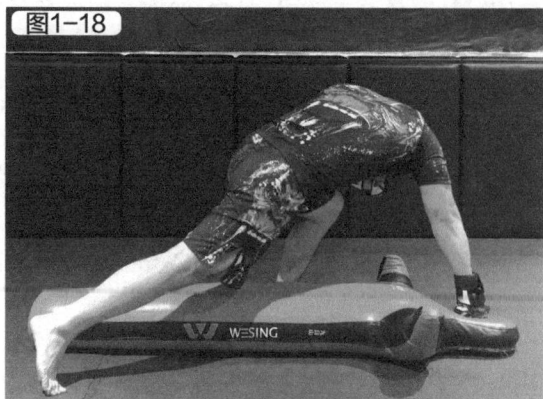
图1-18

则，专业运动员要持大于自身体重 30 千克的沙人完成各种格斗技术链动作。

训练频率：每天皆可练。

护具对战训练法

平时训练，为了减少非比赛性伤病减员，可以进行戴护具的 MMA 格斗对练训练。常见的护具训练法包括：

（1）戴拳击头盔、拳击手套、护小腿、护裆、护齿；

（2）戴拳击手套、护小腿、护裆、护齿；

（3）戴面罩头盔、分指手套、护裆、护小腿；

（4）戴面罩头盔、分指手套、护裆；

（5）戴分指手套、护裆、护齿。

护具训练是有效模拟比赛，同时最大限度避免在训练中受伤的 MMA 训练手段。

训练频率：每天皆可练。戴护具对抗赛每周至少训练 1 次。

以赛代练法

以赛代练是通过让选手参加正式比赛，接受真正的比赛实战，从而达到训练目的。按照继续者 MMA 训练法则，对于初学者，以赛代练至少要满足以下条件。

（1）基础力量满足深蹲、硬拉大于一倍体重，一组超过 10 次；卧推达到 80% 体重，超过 10 次；引体向上超过 8 次；双杠臂屈伸超过 10 次；仰卧起立大于 30 次。

（2）掌握至少 3 个受身动作。

（3）打击技训练时间超过 10 小时。

（4）掌握至少 3 个摔投技动作。

（5）抗击打训练超过 5 小时。

如果运动员未在比赛中受较严重的伤，以赛代练可每 2 天进行一次；如果运动员出现运动损伤，伤后要立即治疗并进行康复训练。

训练频率：每周训练不超过 2 次。

专项力量训练法

专项力量的很多训练动作基于格斗技术的发力模式，可以使打击技更快更重，摔投技更狠更快，地面寝技的实战效果更好，各种防守技术成功率更高（图 1-19）。同时在专项力量的训练中，还能复习各种格斗技术并加强动力链。

训练频率：依训练周期而定，每周训练 2～5 次。

图1-19

专项复合体能训练法

　　MMA不仅是综合格斗技术的集合，还是综合体能素质的集合。除了MMA中必不可少的速度力量、力量速度、爆发力耐力、力量耐力等力量素质外，还需要速度、柔韧、耐力、应激、平衡这5项体能素质。MMA专项复合体能训练要囊括以上4种力量，还有速度、柔韧、耐力、应激、平衡，是一套综合的体能训练方案，内容较多，涉及综合运用体能训练的规律（图1-20）。

　　训练频率：依训练周期而定，每周训练2～5次。

图1-20

格斗战术理论推演法

　　MMA是到目前为止需要格斗技术最多的竞技类格斗项目，是综合格斗技术、综合体能素质的运用，需要高水平运动员具有良好的格斗智商，以适应随时变化的格斗形式。MMA训练是建立在运动生理学、运动解剖学、运动生物力学、运动营养学、体能训练学、医学等科学的基础上的，要求教练员对以上学科有所了解，科学训练。同时要求教练员和运动员基于现代科学和体能训练理论对格斗技术进行推演博弈，制订出针对性强的格斗战术计划、格斗训练计划和格斗体能计划。

　　理论推演频率：每周至少训练1次。

第2章

MMA的

攻击技术

MMA 的攻击技术是目前所有竞技类格斗中技术最多的，包括站立打击技、站立对地面格斗技、摔投技、地面打击技、关节技、绞技。本章将系统介绍格斗技术的训练与使用方法、攻击位置和使用目的。

站立打击技

站立到地面的格斗技术——摔投技

地面打击技

地面降服技

2.1 站立打击技

MMA站立打击技包括拳法（戴分指拳套）、腿法、膝法和肘法，有些选手在站立近身缠斗时使用肩撞和踩脚进行骚扰性攻击。

2.1.1 拳法攻击

MMA使用分指拳套，分指手套远薄于拳击、泰拳的拳套，增加了拳法的威力，击倒（KO）成功率更高，打开眉弓和打断鼻梁的概率高于戴全指拳击手套搏击产生同样效果的概率。

拳法KO，主要击打下颌侧面、下颌正面、太阳穴和鼻梁。其中摆拳的KO率更高，尤其是前手摆拳、直拳（包括过肩直拳与超人直拳）和勾拳，下位拳击腹震荡到太阳神经丛、转身边拳出奇制胜都有一定的KO率。

直拳

攻击位置：头面部、下颌、鼻梁。

使用目的：站立格斗，强攻，抢攻，对摆拳进行反击，和摆拳勾拳形成组合拳，配合其他打击技、下潜抱摔等。

技术详解

（1）**前手直拳**（图2-1）：训练者以格斗架势站立（以左手为前手，右手为后手为例）。蹬左腿（左腿股四头肌发力），左侧踝关节内扣且脚尖点地（左腿小腿三头肌发力），向右微转腰（腹外斜肌和腹内斜肌发力），收腹，送左肩（左侧三角肌发力），伸左臂（左侧肱三头肌发力），左腕旋前（由拳眼向上转为拳眼向右——旋前圆肌和旋前方肌发力），打出强有力的一记左直拳。整个过程一气呵成，每一个细节动作都在上一个细节动作的力量和速度的基础上加成新的力量和速度，就像甩出去的鞭子一样，威力最大的鞭梢即为你的拳锋。

（2）**后手直拳**（图2-2）：训练者以格斗架势站立（以左手为前手，右手为后手为例）。蹬右腿（右腿股四头肌发力），右侧踝关节内扣且脚尖点地（右腿小腿三头肌发力），向左微转腰（腹外斜肌和腹内斜肌发力），收腹，送右肩（右侧三角肌发力），伸右臂（右侧肱三头肌发力），右腕旋前（由拳眼向上转为拳眼向左——旋前圆肌和旋前方肌发力），打出强有力的一记右直拳。整个过程一气呵成，每一个细节动作都在上一个细节动作的力量和速度的基础上加成新的力量和速度，就像甩出去的鞭子一样，威力最大的鞭梢即为你的拳锋。

后手直拳的战术运用：先用头部引诱对方出拳，当对方出拳时，我方原地后闪送髋，髋部后伸，头部后仰，同时伸前手向下拍击对方手腕；然后右手后手直拳直接对对手下颌拳击。

图2-1

图2-2

（3）**左右直拳连击**（图2-3）：按照以上前手或后手直拳的出拳方法，出左拳，击打完成后迅速收左拳；蹬右腿，右脚脚踝内扣，向左微转腰，收腹，送右肩，伸右臂，向内旋腕，打出一记强有力的右直拳。左右直拳交替进行，形成2直拳连击、4直拳连击、6直拳连击，乃至连续1分钟直拳连击等不同阶段的直拳连击训练。

▶训练方法

直拳空击训练：在空中连续挥动左右手直拳进行训练。

重拳击打沙袋或胸靶。

口令直拳训练：交叉出直拳，前进，后退，左侧移，右侧移；随教练口令而改变攻击方向。

直拳击手靶训练：一人正持手靶，发号命令1、2或3，训练者听到指令后出相应数字的拳，交叉拳击手靶。

混合击靶训练：单击，双击，三击，四击，击移动靶，口令击靶。

击移动靶。持靶者可变换身体位置，

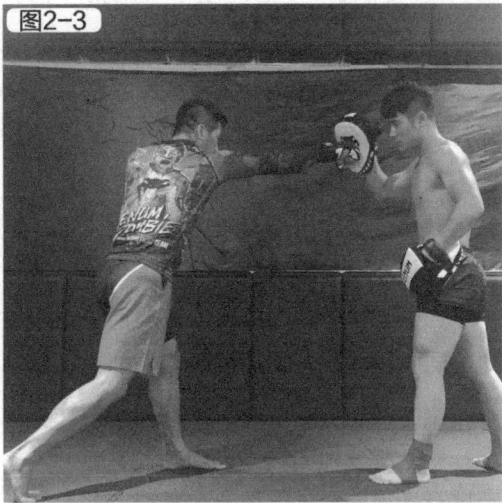

图2-3

同时用手靶攻击出拳者；出拳者一边击打移动手靶，一边练习躲闪。持靶者尽量破坏距离和位置，使攻击者无法正常发力；攻击者调整步伐，尽可能正常发力。

击靶训练之持靶者前冲攻击：持靶者可突然前冲，攻击者要就势出拳将持靶者打回；若攻击者力量或攻击力道不够，需退后继续攻击。

> **提示**　**注意事项：直拳攻击到最大距离时，保持肘关节微屈，防止直拳打空时肘关节超伸造成肘关节韧带拉伤。**

摆拳类

摆拳类技术具体分为摆拳、大摆拳和平勾拳。摆拳、大摆拳及平勾拳三者都是弧线形拳法，手臂从侧面抡摆加速后攻击对方。但又各有特点：摆拳和平勾拳在攻击时握拳后的掌心基本向下，而大摆拳握拳后的掌心始终向内；摆拳和大摆拳攻击距离长，力量大，但造成的空当也大；平勾拳适宜近战，力量略小，但出拳后的空当小，便于快速连击。

攻击位置：攻击头面部，低位摆拳可以攻击两侧肋部。摆拳击打下颌侧面有一定的KO率。

使用目的：站立格斗，强攻，抢攻，和直拳勾拳形成组合拳，配合其他打击技、下潜抱摔等。通常摆拳和大摆拳攻击距离远于平勾拳。

技术详解

（1）**摆拳**（图2-4）：以发右摆拳为例，从左势格斗架势开始，双手握拳护于下颌两侧；蹬右腿，右脚踝外旋，右脚跟离地；腰向左微转，向左送右肩，右臂大范围水平内收，用拳锋（食指和中指侧）对准目标摆击，右腕始终挺直，打出右摆拳。要求蹬腿、胸椎扭转、送肩摆击一气呵成，通过摆拳动力链发出强有力一拳。

（2）**平勾拳**：训练者从站立格斗架势开始，左脚在前，右脚在后，两手握拳护住下颌侧面；蹬右腿（股四头肌发力），向左微转腰（腹外斜肌与腹内斜肌发力），右臂抬至与肩平齐（三角肌发力），肩关节做水平内收动作（由三角肌中束向前束过渡发力，同时胸大肌外侧部分参与发力），使前臂向内画圆，打出一记右平勾拳。动作过程中，拳眼始终朝向自己，握拳后掌心向下。完成右平勾拳，可接左平勾拳。

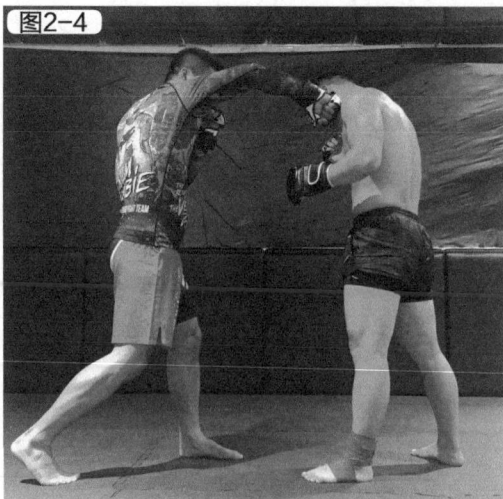
图2-4

（3）**大摆拳**（图2-5）：大摆拳在攻击时的动力链和摆拳类似，区别是大摆拳攻击时握拳后的手掌心始终向内，而摆拳攻击时握拳后的掌心始终向下。

▶ 训练方法

空击训练。

重拳击打沙袋或胸靶。

击打手靶（图2-6）：持靶者的手靶面朝身体中轴线，便于攻击者训练。

图2-5

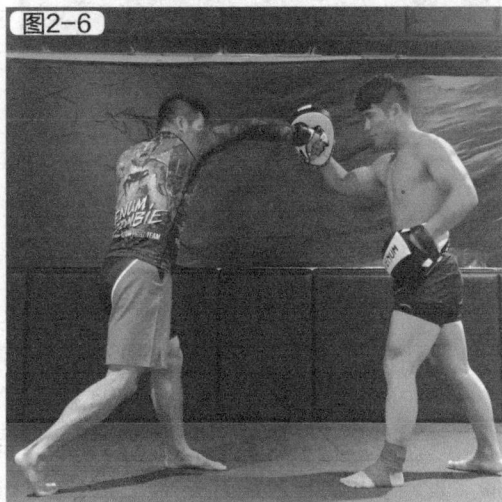

图2-6

勾拳

攻击位置：下颌，对方躬身时的面部正面；地面拿背位的腋下掏拳也是勾拳的变形。击打下颌有一定的 KO 率。

使用目的：近身站立格斗，通常和平勾拳、肘击、膝击的攻击距离接近；也可以和直拳摆拳形成组合拳，配合下潜抱摔等。

技术详解（图2-7）：训练者以格斗架势站立，左脚在前，右脚在后，两手握拳护住下颌侧面；以发右勾拳为例，身体微下蹲蓄力，蹬右腿（股四头肌发力），身体向上挺，右脚踝外旋，右脚跟离地（小腿三头肌发力）；腰向左微转（腹外斜肌和腹内斜肌发力），向上送右肩（三角肌发力），右臂向上勾击（肱二头肌等长收缩发力），右腕始终挺直，打出右上勾拳。要求蹬腿拧腰送肩勾击一气呵成，通过链式发力打出强有力一拳，然后迅速接左侧勾拳。

▶ 训练方法

空击或击打沙袋。

击打向下倾斜的胸靶或者手靶（图2-8）。

图2-7

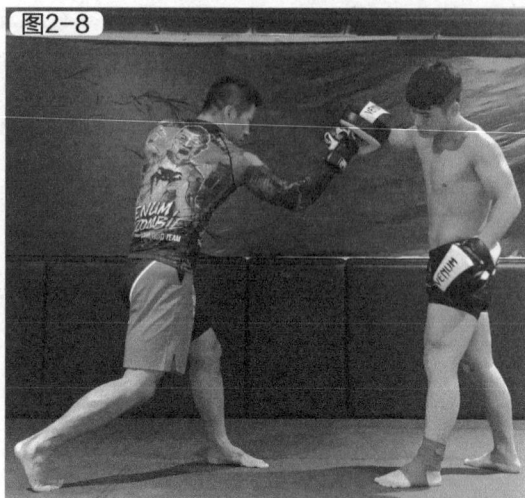

图2-8

下位拳

攻击位置：胃部、肝区、侧位肋骨、腹部或太阳神经丛。

下位拳包括下位直拳（图2-9a）、下位摆拳（图2-9b）、下位勾拳（图2-9c）。

使用目的：下位直拳一般击打太阳神经丛，下位摆拳攻击肋侧或肝区，下位勾拳击腹。发动攻击时，攻击者先微下蹲，再进行相应位置的攻击。

▶训练方法

空击或击打沙袋训练。

击打胸靶训练：持靶者要相应下蹲，以适应攻击者的高度。

搭档穿着护胸和护腰，可以训练攻击者击打组合下位拳。

图2-9a

图2-9b

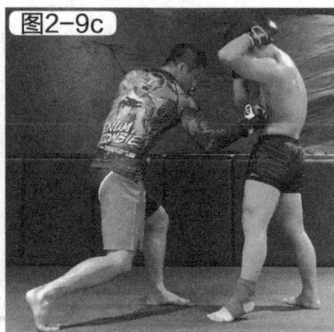

图2-9c

转身边拳

攻击位置：头侧或下颌侧面。

使用目的：出奇攻击，摆拳攻击打空时的补救攻击，扫腿攻击击空时的补救攻击。

技术详解（图 2-10a ～ c）：转身边拳是一种出其不意或败中取胜的特殊拳法。其利用身体大于 270 度的旋转给拳法加速。以转身右边拳为例，对方与我方面对而立，我方呈左格斗架势。我方以左脚为轴，身体顺时针旋转大于 270 度，同时抬右臂，以右拳拳背抽击对方头右侧。

▶ 训练方法

空击或沙袋训练。

手靶训练。可以进行直拳 + 转身边拳的组合攻击训练。

脚靶训练。可以进行扫腿 + 转身边拳的组合攻击训练。

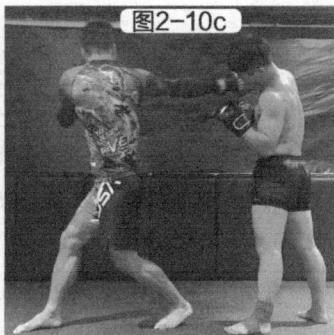

图2-10a　　　　图2-10b　　　　图2-10c

过肩直拳

攻击位置：头面部、下颌。

使用目的：冲刺攻击，抢攻，阻挡对方冲刺攻击的迎击，摇闪过肩直拳，上步过肩直拳等。

技术详解（图 2-11）：训练者以左势格斗架势站立，左脚在前，右脚在后，双手握拳护头侧；右脚蹬地，左脚前滑步，使身体向前垫步前蹿，按照直拳动力链从右肩上出右直拳，同时低头（将头埋在右肩和右上臂内侧，左手仍护于左脸前），借助身体的前冲惯性，打出强有力的一拳。过肩直拳是直拳的攻击强化版，其利用身体前冲的体重加成，充分增加了拳击的击打力；同时，过肩直拳加入了低头动作，将我方脸部一侧贴在攻击侧上臂内侧，使我方攻击的同时减小了对方迎击面部的概率。

▶ 训练方法

空击或沙袋训练。

垫步过肩直拳击移动靶：为了接近实战，持靶者加强步伐移动，配合攻击者完成过肩直拳的攻击。过肩直拳一般配合其他拳法使用，很少有连续左右过肩直拳的机会。

提示

　　注意事项： 过肩直拳攻击力大，对训练者的腕关节压力也最大；若训练者没有进行过腕关节牢固度专项训练，不建议进行过肩直拳击沙袋或击靶训练；击打时腕关节保持中立位，由轻击打开始，循序渐进加重，以免伤到腕关节。

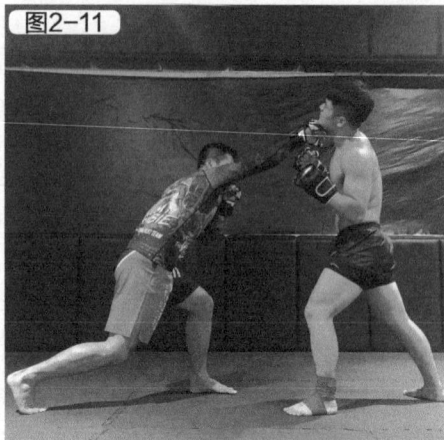

图2-11

超人直拳

　　攻击位置：与过肩直拳类似。

　　使用目的：与过肩直拳类似。

　　技术详解（图2-12a～c）：我方右脚蹬地向前冲跳，抬左膝，左臂护头，并借助右脚向前跳步的惯性出右拳击打对方面部。

　　▶训练方法

　　超人直拳击打手靶或者沙袋。

图2-12a

图2-12b

图2-12c

2.1.2 肘法攻击

　　MMA肘法KO，主要击打下颌、面部、肋部（尤其是肝区）和太阳神经丛等。肘法分为控制型拉臂肘击和直接肘击。肘击作为站立内围的主要攻击手段，很容易造成对方面部皮肤开口甚至头皮开裂，其在近身的威力大于拳法。同时，以下6种站立肘法也可迁移到地面打击技的肘击攻击中。

平击肘

攻击位置：脸部、下颌侧面和头侧。

使用目的：站立内围打击技的有效手段，击中下颌有很高的 KO 率，击中面部其他部位，很容易造成皮肤开口。

技术详解（图 2-13）：训练者以格斗架势站立，左脚在前，右脚在后，两手护住下颌侧面；以右平击肘为例，蹬右腿，胸椎左转，送肩，右前臂抬平，用右肘外侧前臂端尺骨向前攻击，攻击时呼气；也可左右平击肘交替进行。

▶ 训练方法

平击肘击手靶、脚靶或胸靶（图 2-14）。

拉对方右臂的平击肘攻击。

左手抱对方头右侧部的右平击肘攻击。

图2-13

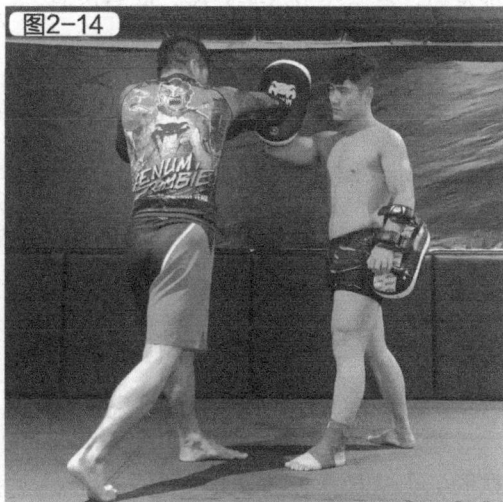

图2-14

后顶肘

攻击位置：对方的肋部和太阳神经丛。

使用目的：对方从后方熊抱时，使用后顶肘辅助解脱。

技术详解（图 2-15）：训练者以格斗架势站立，右脚在前，左脚在后，两手护住下颌侧面。左臂屈肘，肩关节猛力后伸，用肘头向后顶击；利用身体的左转增加击打效果；攻击时呼气。

▶ 训练方法

后顶肘击胸靶。

在对方从后面连臂熊抱时，使用后顶肘辅助解脱。

后摆肘

攻击位置：主要攻击对方的头面部。

使用目的：对方从后方熊抱时，使用后摆肘辅助解脱。

技术详解（图2-16）：训练者以格斗架势站立，左脚在前，右脚在后，两手护住下颌侧面；腰逆时针向后转，右脚蹬地发力，左肩关节水平外展，向后送肩，抬上臂，用肘头上臂侧借身体旋转惯性向后攻击；肘击时呼气。

▶训练方法

后摆肘击手靶、脚靶或胸靶。

侧顶肘

攻击位置：头面部、太阳神经丛或肋部。

使用目的：侧顶肘辅助侧位缠斗的摆脱。

图2-15

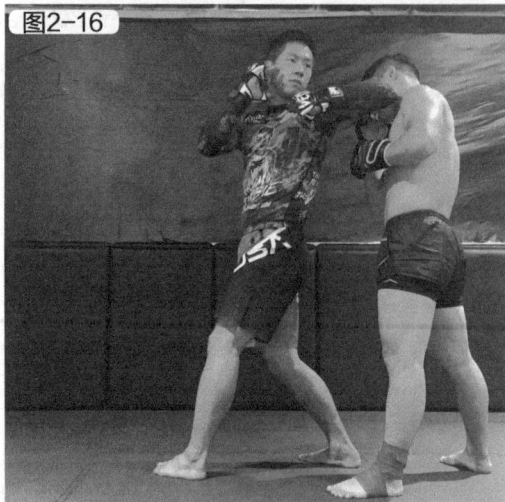

图2-16

技术详解：训练者以格斗架势站立，左脚在前，右脚在后，两手护住下颌侧面；右脚微向右跨一小步，右肩向右送，抬右臂，用肘头向右顶击；右顶肘时可以加入腰部微向右后转的动作；肘击时呼气。左侧外顶肘与右侧外顶肘是类似的动力链。

▶训练方法

外顶肘击脚靶或胸靶。

拉臂外顶肘：我方站在对方左侧或左前方，双方呈L形站位，我方左手拉住对方左手腕并向左猛拉，同时用右顶肘攻击对方头部或者肋部。

转身后摆肘

攻击位置：头面部。

使用目的：出其不意的爆冷攻击，如果能够击中，有不错的 KO 率；也可作为摆拳抢空或扫腿抢空时的补救技术。

技术详解（图 2-17a ～ c）：以左转身出左后摆肘为例，面向对方站立，我方突然以左脚为轴，身体逆时针旋转 180 度，借助旋转的力量，左肩关节外展，左臂屈肘，用左肘上臂侧攻击对方头面部。

▶ 训练方法

步伐训练：转身 180 度撤步、上步步伐训练。

转身后摆肘击打沙袋或者胸靶。

图2-17a

图2-17b

图2-17c

挑肘

攻击位置：下颌、口和鼻。

使用目的：站立近身内围的一种打击技术，作为站立内围组合攻击的一种形式，或边上步边防御的手法。

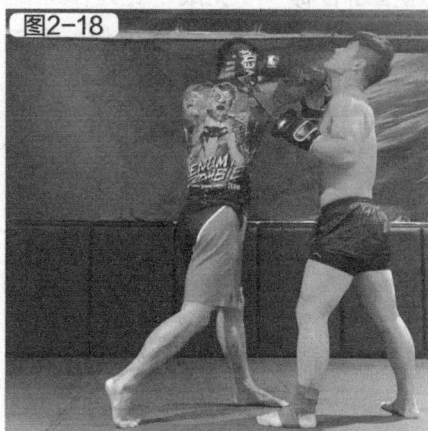
图2-18

技术详解（图 2-18）：以格斗架势站立，身体微蹲蓄力，挺身的同时肩关节快速屈曲，用上挑肘，以肘头（或者肘部前臂侧）攻击对方下颌。在与对方距离过近而无法用上勾拳攻击对方下颌时，可用上挑肘攻击。

▶ 训练方法

攻击手靶、胸靶或假人训练。

2.1.3 腿法攻击

MMA腿法是赤足的腿法，由于支撑腿抓地力更强，平衡性较穿鞋腿法更好，更容易打出高扫腿、高位后摆腿等高段腿击。但由于去掉了鞋子，其威力较穿鞋腿法略低，尤其是蹬踹类腿法较穿军靴的蹬踹，威力明显变低。

MMA腿法KO，主要击打的位置是下颌侧面、下颌正面、颈部、肋部（尤其是肝区）、太阳穴、鼻梁；另外，低扫腿攻击对方膝关节内外侧及腘窝也有一定造成对方因伤退赛的概率。其中高扫腿踢击头侧、面部、颈部的KO率很高；中扫腿踢击肋骨也会造成对方因伤退赛；转身后蹬击腹（或太阳神经丛）也有一定的KO率；前踢下颌也有一定的KO率；而侧踹和正蹬，KO率相对不高。

正蹬腿

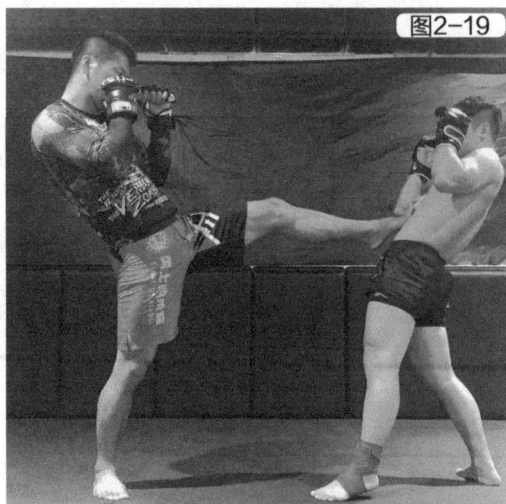

图2-19

攻击位置：蹬击前方对侧的腹部或者支撑腿，偶尔也可以攻击到下颌。

使用目的：控制双方距离，为进一步攻击创造条件；同侧正蹬也是一种防御对方扫腿的方法。

技术详解（图2-19）：训练者以格斗架势站立，左腿提膝蓄力并向前爆发性伸膝伸髋蹬伸，用前脚掌（脚底）快速推击目标——完成一记左腿正蹬；正蹬左腿的同时，左臂向下摆，右手微向上抬，继续护住右侧下颌；蹬击时呼气。同理可以完成右腿的正蹬攻击。

▶训练方法

正蹬腿空踢或踢沙袋。

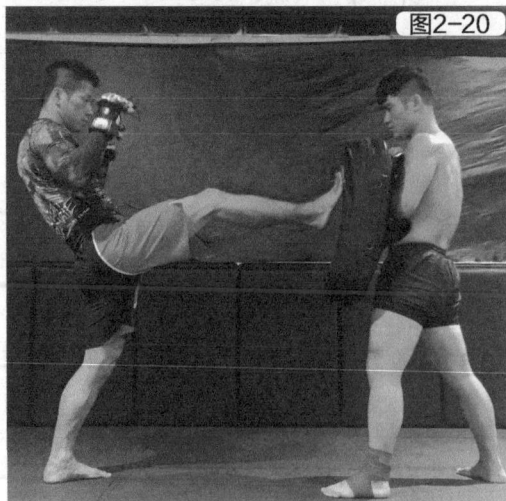

图2-20

正蹬腿蹬踢胸靶（图2-20）：持靶者持胸靶呈前弓步，胸靶紧贴大腿，全神贯注，保持好被攻击时的身体平衡，当被攻击时，可自行后退以减轻冲击力（胸靶具体握法——一只手臂从胸靶背侧两条弹力绳中间穿出，另一只手正握住胸靶上方手柄，受到攻击时，持上方手柄的手用力向外推，以抵消强大的冲击力）。

提示　　注意事项：正蹬攻击到最大距离时，保持膝关节微屈，防止正蹬打空时膝关节超伸造成前交叉韧带拉伤。

前踢

攻击位置：下颌或前躬身时的脸部。

使用目的：MMA 禁止踢击腹股沟，因此前踢的威力被大大削弱；前踢攻击对方下颌偶尔可以把对方 KO。另外就是在对方出现前躬身位时，我方可以利用前踢抢攻对方面部。

技术详解（图 2-21）：以左腿踢击为例，训练者右腿支撑，以格斗架势站立；蹬左脚，左腿快速屈髋，绷直左脚背，膝关节微屈，同时左手向后摆臂，右手微上抬防护右脸，用小腿胫骨末端或脚背快速自下而上攻击。MMA 的前踢使用频率很低，训练时注意高位训练，以踢击下颌为主。

▶训练方法

前踢击打单脚靶（图 2-22）——持靶者单手横持脚靶于自身胸腹高度，靶面向下，持靶者与攻击者可以呈 L 形站位；攻击者用前踢攻击手靶的靶面。

图2-21　　图2-22

侧踹

攻击位置：腹部、头面部、膝关节。

使用目的：踹击对方腹部；拉开双方距离，为我方选择撤离或继续攻击创造机会。侧踹在 MMA 职业赛中 KO 率不高，但个别击中头部的侧踹可以 KO。

技术详解

（1）侧踹（图 2-23）：训练者侧向提膝蓄力并外展髋关节，再迅速向体侧爆发性伸膝展髋，用脚底攻击对方——完成一次侧踹腿，踹击时呼气。侧踹后迅速收腿，以免被对方接腿，侧踹时目光始终侧向紧盯对方。

（2）上步侧踹：右脚向左移动一小步，使右脚位于左脚左前侧，双脚呈交叉步。借助右脚侧移步产生的惯性，起左腿，完成左脚侧踹。

▶ 训练方法

侧踹攻击胸靶训练（图 2-24）。

转身侧踹：即我方以左脚为轴身体左转，使身体右侧朝向对方，同时发出侧踹腿的技术。

图2-23

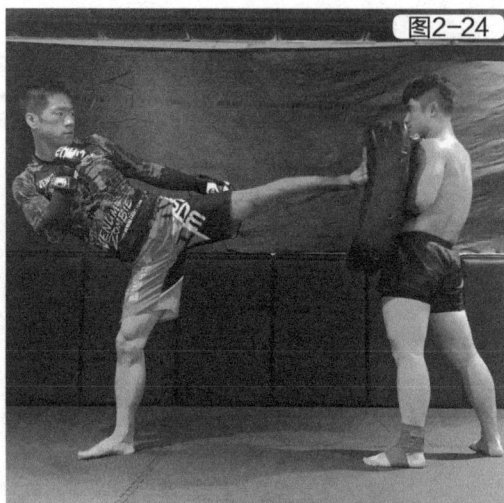
图2-24

提示	注意事项：侧踹时注意体会臀部发力，以增加侧踹的威力。
	侧踹攻击到最大距离时保持膝关节微屈，防止侧踹打空时膝关节超伸造成前交叉韧带拉伤。

扫腿

（1）低扫腿（图2-25a～b）

攻击位置：膝关节外侧、膝关节内侧、腘窝、大腿内收肌群和大腿外侧。

使用目的：横向低扫腿砍击，造成大腿内外侧疼痛，限制对方的行动力；低扫腿击打到膝关节内外侧，有一定概率造成对方膝关节韧带损伤；同时低扫腿击中腘窝，有一定概率将对方踢倒。

技术详解：训练者以格斗架势站立（以右扫腿为例），左脚尖向左侧外旋并踏实地面，右腿提膝，右髋微外展，向内翻胯，向内低位挥摆右腿并伸膝，用胫骨末端攻击目标——打出一记低扫腿；右扫腿时，左手上扬护住左下颌或左脸，右手向下摆动以增加惯性加成，整个过程一气呵成；扫腿时呼气。然后收腿，完成第二次扫踢。

▶ 训练方法

空击或击沙袋。

击打胸靶（图2-26）：持靶者双手持胸靶，呈前弓步状。将靶子放于自己腿部外侧或顶在胫骨前端，击靶时始终使靶子紧贴腿部；当受到攻击时，腿部可顺攻击方向后撤以减小打击力——此方法适合为力量大者持靶时使用；也可单手持靶，将胸靶紧贴于大腿后侧，当受到攻击时，紧贴靶子的那条腿可向前摆动以增大缓冲效果——此方法适合为力量小者持靶时使用。

图2-25a　　图2-25b　　图2-26

（2）中段扫腿

攻击位置：大腿外侧、大腿内侧、体侧软肋、腹部、肝区。

使用目的：攻击体侧软肋，有一定概率造成肋骨骨折，从而产生 TKO 效果；L 形或 T 形站位攻击腹部，若对太阳神经丛产生震荡，也有一定 TKO 概率。

技术详解（图2-27）：支撑腿用力蹬地，拧腰，攻击腿的髋关节外展，使大腿与地面平行，抬大腿，伸小腿，从身体外侧中段位置划弧，以小腿胫骨下部攻击对方；踢击时呼气。

▶训练方法

空击或击打沙袋。

攻击双脚靶训练（图2-28a）：持靶者两个前臂各固定一只脚靶，两手平行抬起脚靶，靶面45度角朝下。攻击者用中段扫腿连续攻击双脚靶。

攻击胸靶训练（图2-28b）：持靶者纵向持靶，双手掏入靶后的纵向控带，并向上伸，抓住靶上端的横向控带；双手掌心向外抓牢横向控带，以避免受攻击时腕部受伤；攻击者可在扫腿前加直拳攻击骚扰，然后持靶者侧身，攻击者根据持靶者侧身方向立即选择合适的中段扫腿对其进行攻击。

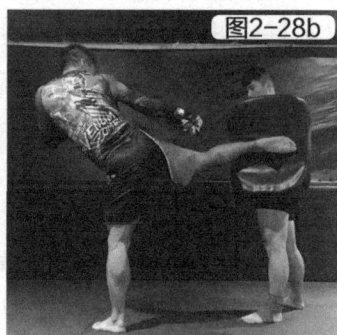

图2-27　　　图2-28a　　　图2-28b

（3）高扫腿

攻击位置：颈部、面部、下颌、头侧。

使用目的：攻击面部、头侧，有很高的KO率，但需以专项腿部力量训练为前提。

技术详解（图2-29）：训练者以格斗架势站立（以右扫腿为例），左脚尖向左侧外旋并踏实地面，右腿提膝，右髋大角度外展，向内翻胯，向内高位挥摆右腿并伸膝，用胫骨末端或脚背攻击目标——打出一记右腿高扫腿；使用右腿高扫腿时，左手上扬护住左下颌或左脸，右手向下摆动以增加惯性加成，整个过程一气呵成；扫腿时呼气。然后收腿，完成第二次扫踢。

▶训练方法

空击或击打沙袋。

攻击双脚靶训练（图2-30）：持靶者两个前臂各固定一只脚靶，两手平行抬起脚靶于胸前，靶面与地面垂直或略向下倾斜，攻击者用高扫腿连续攻击双脚靶。

攻击单手靶训练：主要训练高扫腿的精准度，及与拳法组合的能力；持靶者纵向持手靶，靶面向内置于胸前；攻击者使用高扫腿攻击靶面，持靶者感觉到攻击的刹那，手部同向顺移以缓冲高扫腿的打击力。

图2-29

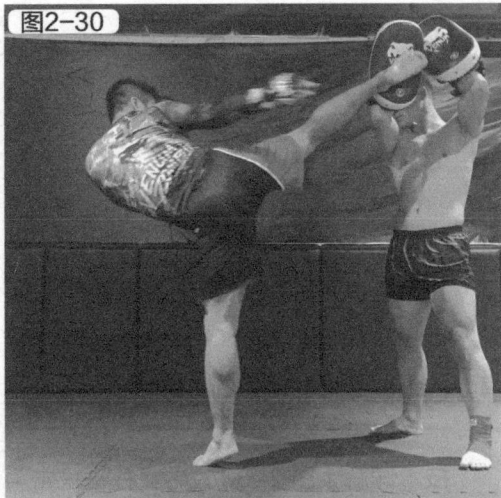
图2-30

截腿

攻击位置：对方膝关节内侧、胫骨前端。

使用目的：骚扰型腿法，光脚使用比穿靴子使用威力低。此腿法用于截击对方的双腿，控制距离，并打乱对方出腿攻击节奏。初学者也有一定概率造成对方膝关节韧带拉伤。

技术详解（图 2-31）：我方以左势格斗架势站立（以左脚截腿为例），右脚踏实地面，左腿提膝，左髋关节外展并外旋，脚底内侧与地面平行；然后爆发性用力向前向下踩击。攻击对方膝关节高度即可。

▶训练方法（图 2-32）

截腿攻击胸靶，要求持靶者把胸靶提至大腿高度。

图2-31

图2-32

37

> **提示** 关节高度的攻击，即使用胸靶防御也极易造成持靶者膝关节韧带拉伤。持胸靶时，要尽量提高到大腿和腰部高度。

后蹬

（1）一般后蹬

攻击位置：腹部或膝盖。

使用目的：当对方位于我方后侧时拉大距离，并为转身面对对方创造条件。

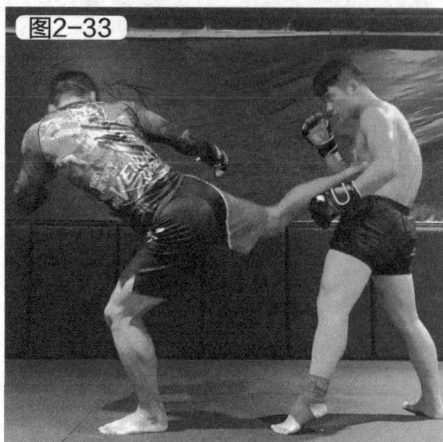
图2-33

技术详解（图2-33）：以右腿攻击为例，左腿为支撑腿，右腿伸髋，向后快速伸膝蹬出，当脚掌或脚跟击打到对方时快速收回；攻击时头向后看以确定攻击部位，并顺时针旋胯以增加踢击力度，后蹬时呼气。

（2）转身后蹬

攻击位置：对方腹部。

使用目的：出其不意攻击对方腹部。如果能震荡到太阳神经丛，有一定的 KO 率。但要注意蹬到对方腹股沟将被判犯规。

技术详解（图2-34a ～ c）：以右转身出右腿为例，面向对方站立，我方突然以左脚为轴，身体顺时针旋转 180 度，借助旋转的力量向后蹬出右腿以攻击对方腹部。攻击后应马上回归正面面对对方的架势。

图2-34a

图2-34b

图2-34c

▶训练方法

后踹腿击胸靶训练（图 2–35）。

图2-35

提示　　注意事项：后蹬腿时注意臀部（臀大肌）有意收缩发力，以增加攻击力度。

转身后蹬腿多为出其不意的攻击方法，常规技击中所用不多，但其攻击加成了身体转动的惯性，其攻击威力大于一般后蹬腿。

转身后摆

攻击位置：头面部、颈部。

使用目的：出其不意攻击对方，如果能击中对方头面部，有很高的 KO 率。

技术详解（图 2–36a ～ c）：以左转身出左腿为例，面向对方站立，我方突然以右脚为轴，身体逆时针旋转 180 度，同时最大限度地将髋关节外展，并借助旋转的力量向后旋踢出左腿以攻击对方头面部，使用脚底进行攻击。攻击后应马上回归正面面对对方的架势。

▶训练方法

后摆腿攻击沙袋或双脚靶。

图2-36a

图2-36b

图2-36c

2.1.4 膝法攻击

MMA 膝法攻击的主要击打位置是下颌、面部、肋部（尤其是肝区）、太阳神经丛等。箍颈和抓臂的控制型膝击的攻击成功率更高。同时膝击可以作为防御下潜抱摔的一种方法，飞膝击打下颌也是一种 KO 的方法。膝击作为站立内围主要的攻击方法，和肘法很容易形成组合攻击。

箍颈膝击

攻击位置：面部、下颌。

使用目的：内围攻击手段，有一定的 KO 率。

技术详解：我方用双手箍住对方后颈或后脑，用力下拉并向上膝击（图2-37a～b）。

▶训练方法

膝击沙袋。

击打胸靶（图2-38）：搭档前手持胸靶，训练者双手箍住搭档后颈，向下拉，同时提膝向上顶撞胸靶，形成"上下合力"。训练者左右腿连续攻击。

击打双脚靶。

图2-37a

图2-37b

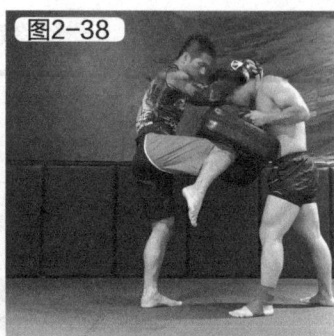
图2-38

旋膝

攻击位置：L 形站位时攻击对方的腹部、太阳神经丛或面部，或者面对对方时攻击其软肋。

使用目的：面对面站位，攻击对方体侧软肋；L 形或 T 形站位，攻击对方腹部；如果击中太阳神经丛，有一定的 KO 率。

技术详解（图2-39）：像扫踢一样，髋关节先外展，再自外向内弧线转动并用膝击攻击对方。当双方面对面时，我方用该膝法攻击对方软肋；呈 L 形或 T 形站位时，我方用该膝法攻击对方裆部或腹部。

▶ 训练方法

旋膝攻击沙袋。

旋膝攻击胸靶：搭档竖持靶置于体前，我方和搭档呈 L 形站位或 T 形站位，我方左手拉对方右臂，右手拉对方后颈，两手一同用力向右下拉，同时右摆膝攻击胸靶中部。

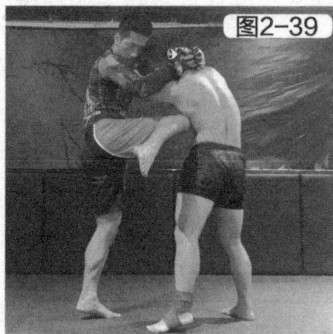

图2-39

飞膝

攻击位置：下颌、面部、胸腹部。

使用目的：出其不意的飞膝，如果击中下颌或太阳神经丛，有一定的 KO 率；也可以利用飞膝迎击下潜抱摔，但是成功率有限。

技术详解（图 2-40）：训练者突然冲刺，并提右膝跳起，用右膝猛撞对方目标，可以向前向上撞（也可以直接向上飞撞，主要攻击下颌），注意利用自身体重加成，完成冲刺飞膝。如果攻击目标体重远大于训练者，训练者要借势反弹，不要一味向前用力，以免伤及膝部。

图2-40

▶ 训练方法

搭档持胸靶并高高抬起，靶面朝下。训练者双手抓靶面上端，突然跳起，在空中用右膝顶撞靶面，注意落地时屈膝，以减小冲击力。攻击时呼气或闭气，落地时吸气。

2.2 站立到地面的格斗技术——摔投技

MMA 的摔投技是指可以将对方拖入地面的一切缠斗技术。MMA 格斗中，双方选手没有道服或摔跤服，不能通过抓握道服完成摔法，只能靠抓握对方身体肢节完成。

MMA 的摔法包括抱摔、砸摔、背负投、舍身摔、绊勾摔、接腿摔、站立关节技摔法、站立绞技摔法和地面对站立摔法九大部分。其中，可以直接 KO 对方的摔法是各种抱起或举起砸摔；可以直接降服对方的摔法一般是站立关节技摔法接地面关节技、站立绞技摔法接地面绞技；其他摔法作为将对方拖入地面并获得优势位置的方法使用。摔投对方后，运动员需要马上占据优势位，布置地面砸击或降服技。

在 MMA 中，摔法一般要与打击技结合使用，如用直拳开道接摔法、接腿防御后接摔法、防摔后接我方摔法等。

下潜抱摔

（1）抱单腿摔

使用目的：放倒对方，使对方后背与地面碰撞，造成对方受伤。对方进行正蹬、扫腿、侧踹等，被接腿后转换成我方抱对方单腿摔的状态。

技术详解

抱单腿绊摔（图 2-41a ～ c）：对方站立，我方突然呈低位前弓步下潜，双手抱住对方前腿（以抱住左腿为例）；抱住后，上提对方左腿并上左步，别于对方右腿后；我方将对方左腿尽量抬高，以右脚为轴，身体右转并向后勾踢对方左腿，将其摔倒。

> **提示**
> 可在抱单腿绊摔的同时加入我方的舍身，舍身的同时用肘部直接砸压对方腹部或肋骨，提高直接摔法 KO 的概率。摔倒对方后，接过腿、砸拳、膝十字固等继续攻击。

图2-41a

图2-41b

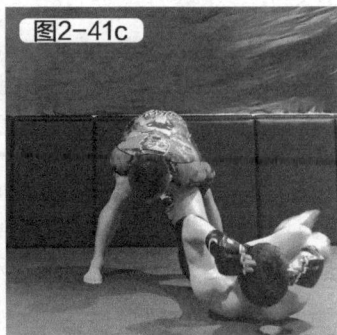
图2-41c

抱单腿旋摔（图 2-42a ～ b）：对方站立，我方突然呈低位前弓步下潜，双手抱住对方前腿（以抱住左腿为例）；抱住后，上提对方左腿，尽量使对方左腿小腿伸直，并以我方左腿为支撑腿和旋转轴，右脚向后撤步且身体顺时针旋转，有下蹲动作，即可将对方旋摔倒地。后接过腿转四方位压制、砸拳等继续攻击。

▶ 训练方法

柔术沙人训练法、MMA 专项体能训练法、双人对练训练法。

（2）下潜抱双腿摔

使用目的：放倒对方，使对方后背与地面碰撞，造成对方受伤；也可作为应对对方直摆拳的防范技术之一。

图2-42a

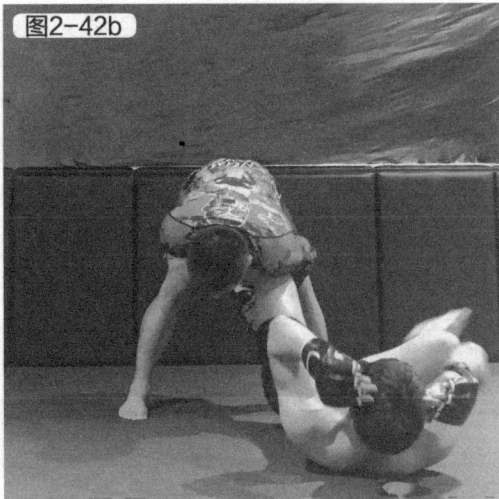

图2-42b

技术详解

抱双腿前冲摔：对方站立，或者出直拳、摆拳；我方突然呈低位前弓步下潜抱双腿，并冲到对方近身位，用右肩抵住对方胸部下方，头部从对方身体右侧伸出，伸双手抱住对方膝关节后侧腘窝，向后向上猛力拉拽并前冲，右肩用力前顶，将对方擒倒。上提对方双腿时，我方腿部发力向上蹬，以增加发力效果。

提示 抱摔时，用右肩顶紧对方身体并将头部尽量向对方身后伸，以免被对方断头台反制；抱摔时，前冲要快，可以增加肩撞的附加伤害，利用肩撞直接撞伤对方肋骨，肩撞训练可以利用胸靶实现；抱摔完成后，对方更容易对我方进行封闭式防守，因此抱双腿前冲摔在某些方面不如下面的抱双腿侧向摔。

抱双腿侧向摔（美式下潜抱摔）（图2-43a～e）：对方站立，或者进行摆直拳攻击；我方突然呈低位前弓步下潜，并冲到对方近身位，用右肩抵住对方胸部下方，头部从对方身体右侧伸出，伸双手抱住对方膝关节后侧腘窝向上猛提，同时颈部向右顶，双手抱住对方双腿，在冠状面顺时针上提，致使对方身体在空中产生顺时针扭转而倒向我方身体右侧；我方蹬地起身并向右歪倒，将对方向我方右侧投摔；摔倒对方后，对方双腿在我方左侧，我方顺势进行四方位压制；压制后可以击打，或者接木村锁、美式锁肩等；我方也可下潜抱摔时将对方单肩扛起，并主动舍身倒地，把我方体重通过肩部追砸给对方腹部或肋部，增加直接摔法KO的概率。

图2-43a

图2-43b

图2-43c

图2-43d

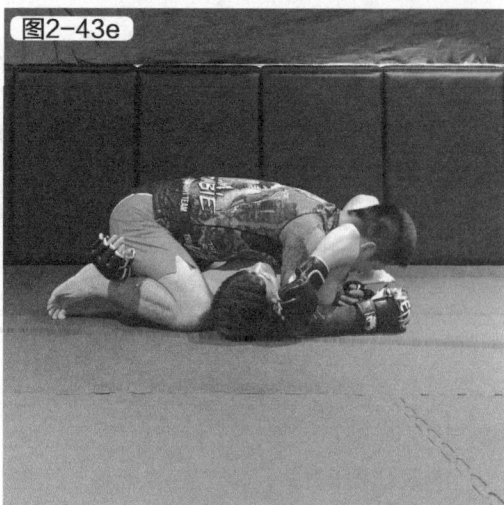

图2-43e

提示　　抱摔时，要用肩顶紧对方身体并将头部尽量向对方身后伸，以免被对方断头台反制；抱摔完成后，对方不容易对我方进行封闭式防守，而我方更容易对对方进行四方位压制。

（3）不举起的下潜抱双腿摔

下潜抱双腿摔更可能无法举起对方，此时的下潜抱双腿有着不一样的变化。姜龙云曾在一场比赛中，施展抱双腿摔将对手压制于地面下位，为获胜创造了有利条件。该技术由姜龙云与尚志法演示。

技术详解（图 2-44a ～ d）：对方站立，我方可以先以前手直拳佯攻，突然呈低位前弓步下潜，并冲到对方近身位，用头抵住对方肋骨位置，伸双手抱住对方膝关节后侧腘窝（左手控制并后拉，右手向上提），同时颈部向左顶，双手抱住对方双腿，在冠状面逆时针上提，致使对方身体在空中逆时针扭转；我方右脚蹬地起身并向左歪倒，将对方向我方左前方摔；对方倒地的同时，我方用右膝压对方右大腿，地面右转身过腿，呈侧方压制。

图2-44a

图2-44b

图2-44c

图2-44d

▶ 训练方法

柔术沙人训练法和双人对练训练法。

背负投（臀投）

使用目的：通过摔投使对方身体撞到地面上，并使我方处于上位有利位置。

▶ 训练方法

沙人训练法、MMA专项体能训练法和双人对练训练法。

（1）拉臂背负投

使用目的：双手控制对方一只手臂时的背负投技术，本技术容易被裸绞，故使用时要十分小心。

技术详解（图2-45a～c）：我方和对方处于近身位，我方快速上步，右脚上步到对方右脚右侧，以右脚为轴身体左转，撤左腿；同时左手拉住对方右手腕并向下拉，将右臂搂缠对方脖子改成右臂从对方右腋下掏入，并从对方右肩外侧抓住其右肩，向前躬身，臀向后顶，左手和右手同时下拉对方手臂，将其从背后摔投而出。

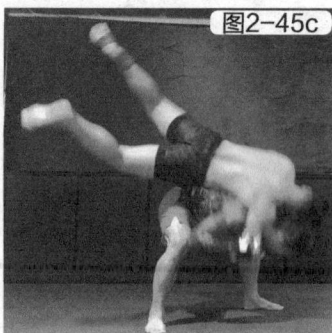

图2-45a　　图2-45b　　图2-45c

（2）锁颈背负投

使用目的：单手抓住对方一只手臂，另一只手臂缠住对方颈部时的背负投技术。

技术详解（图2-46a～c）：当我方和对方呈双手抓双肩的摔跤架势时，我方右臂摆脱对方左臂的纠缠，右脚上步到对方右脚右侧，以右脚为轴身体左转，撤左腿；同时左

图2-46a　　图2-46b　　图2-46c

手拉住对方右手腕并向下拉，右臂从左至右搂缠住对方脖子并抓对方右肩，向前躬身，臀向后顶，将其从背后摔投而出。从上步转身、搂颈、拉臂、躬身至顶臀，动作要一气呵成。

（3）肩胛背负投

使用目的：单手抓住对方一只手臂，另一只手臂扶住对方肩胛骨时的背负投技术。本技术对于胸背部过厚的对方，成功率会下降。

技术详解（图 2-47a～c）：以对方在我方近身侧身位为例，我方右手从敌背侧大开掌抓敌右侧肩胛骨（右手可先从对方左腋下掏过），左手抓敌右臂肘头；伸右腿上步，别于敌右腿前侧，然后右腿向后绊并用右臀上挑对方躯干，同时右臂向前带，左臂向前拉，使对方从我方右背和右臀上滚过。

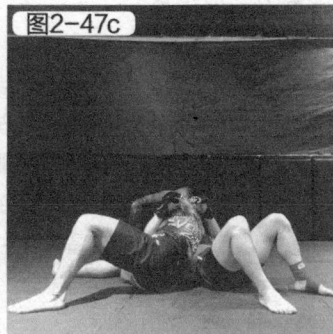

图2-47a

图2-47b

图2-47c

（4）大腰背负投

使用目的：单手抓住对方一只手臂，另一只手臂缠住对方腰部时的背负投技术。本技术对于腰部过粗的对手，成功率会下降。

技术详解（图 2-48a～c）：我方和对方近身位，我方快速上步，右脚上步到对方右脚右侧，以右脚为轴，身体左转，撤左腿；同时左手拉住对方右手肘并向下拉，右臂从左至右抱腰，向前躬身，臀向后顶，左手下拉敌臂，和右手抱腰一同发力，将对方从背后摔投而出。

图2-48a

图2-48b

图2-48c

绊勾摔

绊勾摔由绊摔和勾踢摔组合而成，绊摔指控制对方躯干，用我方足跟向后扫绊对方支撑腿的脚踝部，进而摔倒对方的技术。勾踢摔指控制对方躯干，用我方胫骨末端、脚背及胫骨末端与脚背形成的夹角勾踢对方支撑腿的脚踝部，进而摔倒对方的技术。由于勾踢摔中可以利用胫骨末端加成踢击效果，所以摔对方的同时，有勾脚也有踢击。

（1）绊摔

技术详解（图2-49a～b）：我方和对方站立近身位，我方左手抓对方右臂，右前臂桡骨撞击对方喉部，伸右腿挡绊于对方双腿之后，我方身体要尽量靠近对方以提高绊摔成功率。左手向后向左拉敌右腕，右手向前向左推敌右肩，腰部逆时针旋转，右腿向后发力完成绊摔。

| 提示 | 绊摔时尽量靠近对方，以减小我方和对方同时旋转的转动惯量，增加旋转效果并节省我方力气。扫绊时尽量加成脚后跟对对方跟腱或小腿肚的打击力，这样既可加成打击伤害，又可增加绊摔的突然性，从而提高绊摔成功率。绊摔时可以加成前臂桡骨对对方喉部的击打，这是格斗中的小动作，使用时请遵守场上裁判的要求。 |

图2-49a

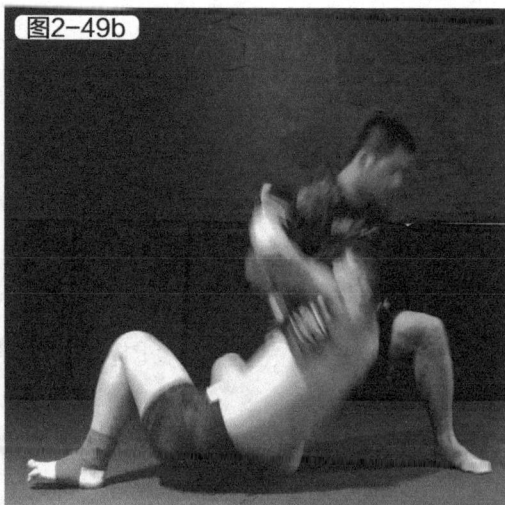

图2-49b

（2）勾踢摔

技术详解（图 2-50a ～ c）：以 T 形站位双臂锁颈勾踢摔为例，我方位于对方右侧，右手从对方颈前绕过并抓住其左肩（或掐住敌颈），同时左手抓对方颈部（或左肩），左脚勾踢对方右脚跟腱，两手拉对方逆时针旋摔。旋摔启动后，我方迈右腿至敌胸高度，在其躺倒后完成四方位。后接上位砸拳、砸肘等。

图2-50a

图2-50b

图2-50c

提示　　勾踢摔时尽量靠近对方，以减小我方和对方同时旋转的转动惯量，增加旋转效果并节省我方力气。勾踢摔时尽量加成低扫踢对方跟腱、小腿肚或腘窝的打击力，这样既可加成打击伤害，又可增加勾踢摔的突然性，从而提高勾踢摔的成功率。强力的低扫踢有一定概率在勾踢摔时打伤对方跟腱或挫伤对方大脚趾，影响其后续站立式格斗。

接腿摔

接腿摔是对方起腿攻击时，我方利用技术接住对方的腿，再利用对方单腿着地的不平衡性，完成投摔的技术。使用接腿摔的前提是：首先对方必须进行腿法攻击，其次我方可以接住对方的腿。

接腿摔的手法动作包括夹和抱两种：夹是指接腿后肘窝向下，用前臂或腕部向上挑对方腿，并用腋下辅助夹住对方小腿的手法；抱是指接腿后肘窝向上，用上臂和肘窝向上抱举对方小腿的接腿手法。

同时，接腿摔的脚法动作有绊摔和勾踢摔两种。接腿摔使用抱还是夹，使用勾踢还是绊，取决于运动员的个人喜好及现场情况，要随机应变。但在对初学者的教学中，最好把接腿摔的抱、夹、勾踢、绊都教给学员，然后结合其战术风格与喜好，针对其个性制定具体技术方案。

（1）**搓夹接腿技术**（图 2–51a ～ b）

搓夹接扫腿：对手左鞭腿或左扫腿攻击我方右身侧（攻击区域为大腿到肋段）时，我方迅速左脚向左跨一步，向左闪身，并用右手掌向下搓挡对方左扫腿小腿外侧，顺势将对方左腿抱住并夹在右腋下；同时我方伸左手抓住对方左肩，控制双方间的距离，完成接腿；也可以右臂接腿后，直接用左直拳攻击。

> 提示　**搓夹接扫腿时也可能右侧身挨到对方的扫腿，因此我方要侧步闪身、搓挡、用体侧接打一气呵成，完成搓夹接扫腿。**

图2–51a

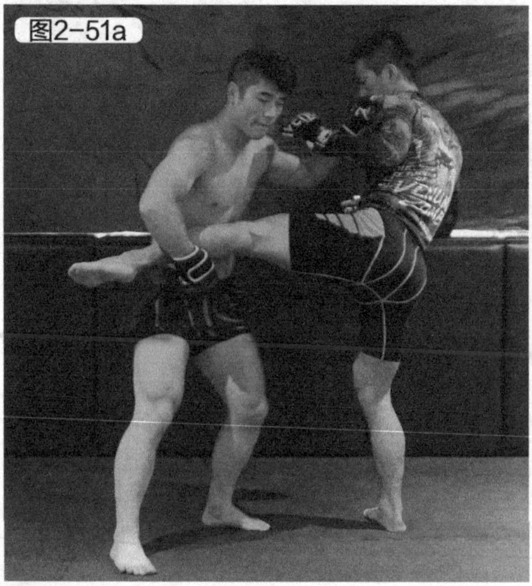

图2–51b

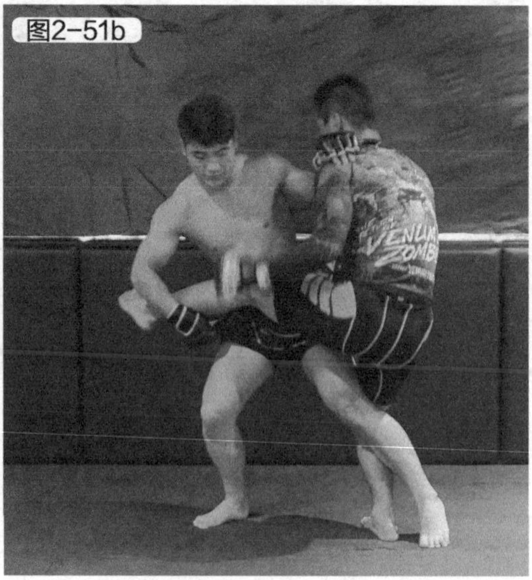

（2）搓抱接腿技术

搓抱接扫腿：对方中段右扫腿攻击，我方右上转步躲闪，使双方呈 T 形站位（我方在竖位）；同时左手掌搓挡对方右小腿外后侧，右臂呈弯举状挡在左肋前（肱二头肌朝前，掌心向上），用以接抱对方右小腿；接抱后，我方用左肘窝上举对方右腿，同时右手掌向下扣其右小腿外侧，防止对方抽腿逃脱。

注意事项：搓抱腿的动作次序是先掌搓缓冲，再弯举式接抱。

> **提示**　搓夹接扫腿与搓抱接扫腿的共同点：搓是为了缓冲对方扫腿的部分力量；两种接腿都有躲闪的缓冲动作，有抗击打能力，搓夹接腿需要大腿外侧、体侧和肋部的抗击打能力，搓抱接腿需要肱二头肌、肩部的抗击打能力。
>
> 　　搓夹接扫腿与搓抱接扫腿的不同点：搓夹接扫腿对肋部的保护不足；搓抱接扫腿由于手臂挡在了肋前，对肋部的防御更好，但对肱二头肌的抗击打能力要求更高。

抱接直线型腿法（图 2-52a ～ b）：当对方正蹬腿攻击时（以右腿攻击为例），我方伸右臂，用前臂外侧向右搪击对方右小腿外侧，左上转步，右手贴在对方小腿上，转手臂，用肘窝上抱对方小腿；转身，双方呈 L 形站位，我方右手上抱对方右小腿，就像杠铃弯举那样控制对方右腿；可采用左上转步躲闪，左手掌下拍，右手掌向上接抱；或在内围，采用右上转步躲闪，右手掌下拍，左手掌向上接抱。

图2-52a

图2-52b

（3）夹腿接腿摔

夹腿接腿勾踢摔（图 2-53a ～ c）：夹腿接腿位开始（以接右腿为例），右手拉对方头右侧向右后发力，同时右脚勾踢对方左支撑腿踝关节，将对方踢倒。

图2-53a

图2-53b

图2-53c

夹腿接腿绊摔（图2-54a～b）：对方右鞭腿或右扫腿攻击我方左侧（攻击区域为大腿到肋段），我方迅速将右脚向右跨一步，向右闪身，用左前臂向下搓挡对方右鞭腿小腿外侧，顺势将对方右腿抱住；同时我方伸右手抓住对方右肩，控制双方间的距离；然后，我方伸右腿至对方左腿后，向后绊摔，用右手向前向下推对方右肩，左臂上拉其右腿，使其倒地。对方倒地后，快速翻起右腿过腿，防止对方形成封闭式防守；摔倒对方后接舍身砸拳或膝十字固等攻击。

图2-54a

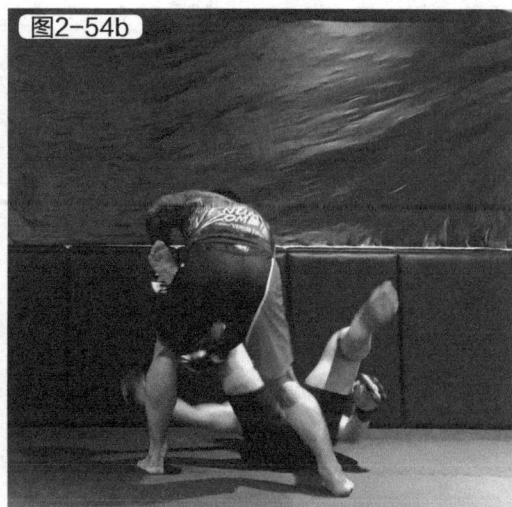

图2-54b

（4）抱腿接腿摔

内围抱腿接腿勾踢摔：对方右正蹬腿攻击，我方右上转步，右手掌下拍，左手掌向上接抱，然后右手拉对方头右侧，向右后发力；同时右脚勾踢对方左支撑腿踝关节，左手向上抛举对方小腿，将对方踢倒。

内围抱腿接腿绊摔：对方右扫腿攻击，我方右上转步，右手掌下搓，左手掌向上接抱，然后右手推对方头向前发力；同时右脚别于对方左脚后，并向后快速绊对方左支撑腿跟腱，左臂抱对方右小腿逆时针拉，将对方摔倒。

外围抱腿接腿勾踢摔（图 2-55a～b）：对方正蹬腿攻击（以右腿攻击为例），我方伸右臂，用前臂外侧向右搪击对方右小腿外侧，左上转步，右手贴在对方小腿上，转手臂，用肘窝上抱对方小腿；转身，双方呈 L 形站位，我方右手上抱对方右小腿；然后我方左手向后打对方喉部（或推颈），左腿勾踢对方左支撑腿跟腱，右臂向上抛举对方右小腿，使对方向后仰倒。倒地后可接膝十字固或者四方位压制等。

图2-55a

图2-55b

外围抱腿接腿绊摔（图 2-56a～b）：对方右正蹬（或侧踹），我方左上转步躲闪，左手掌下拍，右手掌向上接抱对方右小腿。左脚别于对方左支撑腿前侧，向后快速绊拉；同时左手向前推击对方后脑，右臂托对方右小腿顺时针旋转，将对方摔出。摔出后接拿背控制。

图2-56a

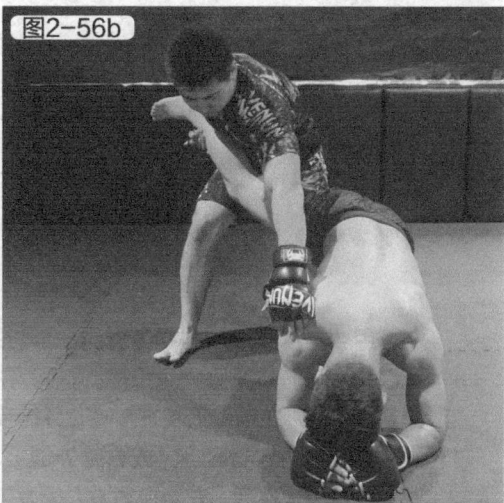

图2-56b

2.3 地面打击技

MMA两人近身，使用摔投技或将一方放倒后，很容易进入地面缠斗状态。若可以取得地面缠斗的上位优势位，利用地面打击技也有直接TKO对手的可能，同时地面打击技可以干扰对方的攻防节奏，分散对方的注意力，为使用地面降服技创造条件。

MMA地面打击技包括地面上位地面拳、地面肘法、地面膝和地面下位的打击技等。

2.3.1 地面拳法攻击

地面直拳

攻击位置：面部、头侧、下颌和太阳神经丛。

使用目的：由地面上位的大力地面直拳，击中下颌有一定的KO率，同时也可以为后续地面降服技创造机会。在骑乘上位攻击，更加稳定有力。

技术详解（图2-57a～b）：上位者抬手蓄力，用直拳向下攻击的地面拳法；除攻击面部和下颌外，如果有机会击打太阳神经丛，一定要击打一次再接后续攻击。可在跪骑位、骑乘位、四方位或南北压制位中使用。

▶训练方法

击打胸靶或沙人。

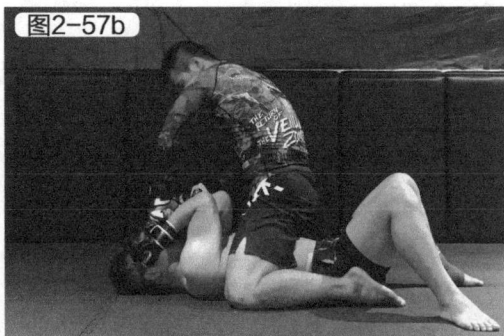

图2-57a

图2-57b

> 提示　由四方位压制到骑乘上位直拳的技术链（图2-58a～e）由姜龙云与尚志法演示。我方对对方右侧侧身位控制，我方左臂从对方颈后穿过，和右手在对方右肩侧扣握。如果对方左前臂顶我方喉咙，并掏我方右腋下试图跪起，我方右腋下夹对方右臂，并用右手抓对方右腰侧（或右腿外侧），双腿反交叉，以左腿为支点，片右腿骑乘在对方腰腹部；然后，左手抓对方右腕并下压，同时骑乘上位，右直拳攻击对方面部。

图2-58a

图2-58b

图2-58c

图2-58d

图2-58e

地面摆拳

攻击位置：面部、头侧和侧位对手的下颌。

使用目的：如果可以攻击到对手的下颌，有一定的 KO 率，为后续攻击创造条件。

技术详解（图 2-59a ～ b）：上位攻击者用摆拳从侧面向下攻击的地面拳法，可在跪骑位、骑乘位、四方位和南北压制位中使用。

▶训练方法

击打胸靶或沙人。

图2-59a

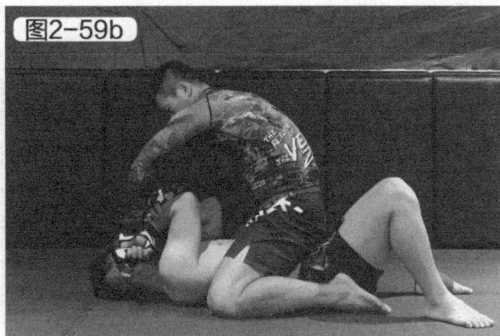

图2-59b

腋下勾拳

使用目的：攻击地面俯卧位对手的下颌。

技术详解（图 2-60a ～ b）：当对方处于地面俯卧位，我方在拿背位或拿背位侧位，对方用手臂护住头侧或撑地欲站起时，我方可以用地面下勾拳从对方腋下向上掏入，攻击其下颌。

图2-60a

图2-60b

地面锤击

攻击位置：面部、头侧、下颌、鼻子和太阳神经丛。

使用目的：地面上位的大力地面砸拳，击中鼻子、下颌或太阳神经丛后，为后续地面攻击创造机会。

技术详解（图 2-61a ～ b）：上位攻击者用拳锤攻击的地面拳法，各种地面上位中均可使用，尤以在四方位上位压制，攻击对方面部时（集中攻击鼻子和下颌时可加入拉臂控制地面锤击）使用频率最高，为四方位上位后续攻击创造条件。四方位时，如果有击打太阳神经丛的机会，一定要击打，然后再进行后续攻击。

▶训练方法

击打胸靶或沙人。

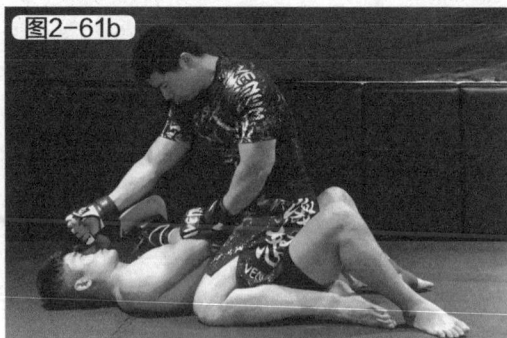

图2-61a

图2-61b

2.3.2 地面下位打击技

地面下位打击技是指我方处于地面下位时使用的各种拳、腿、膝、肘的打击技攻击。由于地面下位打击技的反重力性，使得其攻击威力小于地面上位打击技，但作为对上位对手的骚扰，可为下一步的逃脱与翻转创造条件。下位方可以利用封闭式防守、三角绞等技术控制住上位对手，其打击效果不错；同时一些特殊的下位打击技也有一定的 KO 率。

下位直拳

攻击位置：面部、下颌。

使用目的：干扰上位对手的攻击，为我方的下位逃脱或下位降服技创造条件。我方力量较大时，下位直拳有可能出现 TKO 效果。

技术详解（图 2-62）：下位者对上位攻击者的直拳打击。一般只对上位者的攻击起干扰作用，并为下位的其他打击创造条件。下位者控制对方身体或手臂后，也可以用下位直拳攻击，比如对上位者进行三角绞控制后，接下位直拳攻击。

▶ 训练方法

仰卧起坐转身直拳攻击。站立者持胸靶，让靶面微向下倾斜，攻击者仰卧于地面，突然起坐，并借起坐的惯性转身出拳，攻击胸靶。可重拳单次攻击，也可连续起坐攻击。

图2-62

提示　此训练方法是 MMA 专项体能训练中的一个训练动作，既可训练下位直拳，也可训练站立直拳的转腰发力能力，同时也有利于腹肌训练。

下位摆拳

攻击位置：头侧、下颌。

使用目的：干扰上位的攻击，为我方下位的逃脱或施展下位降服技创造条件。若我方力量较大，下位摆拳也有一定打击效果。

技术详解（图2-63a～b）：下位者对上位攻击者的摆拳打击，打击时注意加成身体核心扭转的发力。一般需结合对上位者的身体控制，例如拉臂或拉头的摆拳攻击。

▶训练方法

仰卧起身摆拳攻击手靶：站立者持手靶，靶面向内。攻击者仰卧，起身并借助起身的惯性转腰摆拳击打手靶。可连续攻击，也可单次攻击。持靶者逐个给出手靶。

仰卧起身摆拳攻击胸靶：站立者持胸靶，站在攻击者的侧前方，并将胸靶前伸以便攻击者摆拳攻击；攻击者仰躺然后起身，并借助起身的惯性转腰发出摆拳击打胸靶。此训练方法更适合训练下位摆拳的重拳攻击。

图2-63a

图2-63b

下位肘击

攻击位置：头侧、头顶。

使用目的：在下位控制住对方后，用肘击进行攻击，可以造成对方头皮裂伤及淤肿。

技术详解（图2-64a～b）：被拖入地面后，下位者对上位者的肘击攻击；该方法一般与其他控制技术和地面寝技配合使用，例如左手拉对方后颈的右肘下位攻击；用三角锁锁住对方头部后，进行下位肘击；封闭式防守位用腿将对方推远，一只手拉对方头，另一只手臂肘击对方头顶。

▶训练方法

仰卧起坐肘击训练。

提示　某些下位肘击在一些 MMA 赛事中被视为犯规。

图2-64a

图2-64b

2.4 地面降服技

地面降服技主要指地面绞技、地面关节技，及兼有颈部绞技与关节技效果的技术。

2.4.1 地面绞技

继续者战术格斗中的绞技是指一切利用机械性压迫颈部（例如卡、压、勒、绞），造成颈动脉缺血、窒息闭气和气道不畅的技术。MMA 中使用的绞技都是徒手使用的绞技，例如利用闭合手臂、闭合腿部形成的各种绞技；也包括利用前臂骨和胫骨压迫颈动脉或喉部形成的绞技。但利用手指形成的绞技——单手掐喉和双手掐颈在 MMA 中是犯规动作。

本节重点介绍 MMA 中的地面绞技。

裸绞

攻击位置：颈动脉、部分喉部和气管、颈椎。

▶训练方法

沙人训练法和双人对练法。

（1）拿背裸绞

使用目的：对方在地面俯卧位，我方控制对方颈部并降服对方的技术，需要和腿部控制相结合。

技术详解（图 2-65a ～ c）：对方俯卧于地面，我方骑到对方背上并转换成俯卧位；我方双腿从对方体侧向其腹股沟插入，并从其两腿之间向后穿出；脚背尽量勾住对方双侧腘窝；用力伸腿后踹，将对方身体拉直，以便我方破坏对方的乌龟式防守，完成背后裸绞；将对方身体拉直后，我方可以进行地面摆拳的连续攻击；对方收下颌防御，我方先用左手食指侧面回勾对方鼻子，用力后拉，迫使对方因疼痛仰头，从而打开前颈；然后我方伸右臂，从其颈前掏过，同时上抬左臂，将右手握于左臂肱二头肌（或三角肌前束），形成对颈部的锁技——裸绞。此时，我方右肘头最好垂直向下，利用前臂和上臂同时挤住对方左右颈动脉。右臂向后拉并回收，左臂向内收，左手前伸，按住对方后脑向前推，额头顶住左手背，持续向前施压，直到将对方勒晕。

图2-65a　图2-65b　图2-65c

（2）下位裸绞

使用目的：由站立裸绞开始，舍身后倒后即可形成我方在下、对方在上的仰卧位，使用下位裸绞将对方降服；或者地面缠斗时，我方抓住拿背机会，勾缠住对方后主动翻滚成我方在下、对方在上的仰卧拿背位，形成下位裸绞，降服对方。

技术详解（以坐姿拿背为例）（图2-66）：我方坐姿拿背，双腿从对方体侧向前勾缠对方腰部，同时双脚从对方腹股沟下插入并从对方两腿之间向后穿出，再用我方脚背尽量勾住对方双侧大腿内侧；我方用力伸腿下踹，同时右臂勾住对方颈部向后舍身倒；到地面后，我方伸右臂从对方颈前掏过，同时上抬左臂，使右手握于左臂肱二头肌（或三角肌前束），形成对颈部的锁技——裸绞。此时，我方右肘头最好垂直向下，用前臂和上臂同时挤住对方左右颈动脉。我方右臂向后拉并回收，左臂向内收，左手前伸，按住对方后脑向前推，同时用我方额头顶住我方左手背，持续向前施压，直到将对方勒晕。

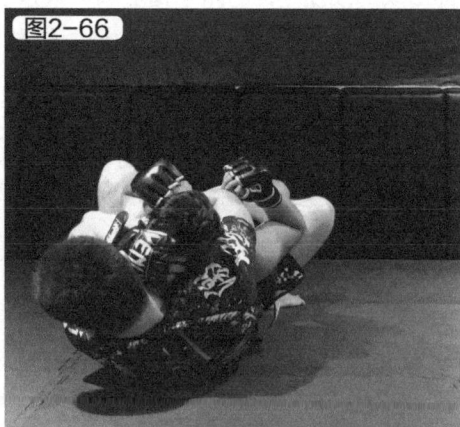

图2-66

拓展技术链

南北拿背到裸绞的龙云式翻滚拿背技术链——本技术链由姜龙云研发（图2-67a～d）。

a. 由南北拿背位，圈头动作开始，双臂从对方左颈侧和右腋下环扣。

b. 左膝着地右转身并打开右臂，同时用左肩压住对方右背，整体成侧方拿背的压制；然后右手上抄，左手过背——在对方右颈侧和左腋下环扣。

c. 我方右侧滚并用手扣将对方带翻，使对方仰卧在我方腹部。然后两脚别住对方两腿内侧，右手从对方颈前穿过，左手从对方左腋下穿出并抓住对方左手腕。准备裸绞。

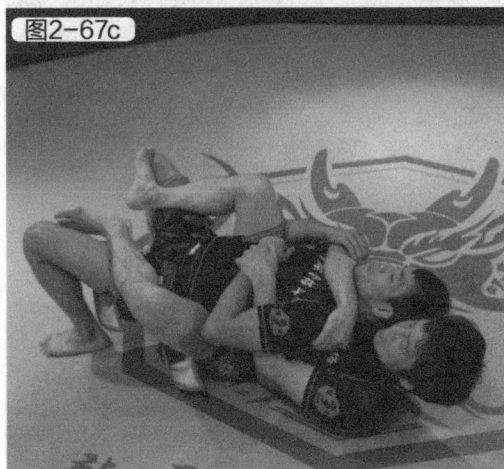

d. 最后完成裸绞。

图2-67a

图2-67b

图2-67c

图2-67d

手臂三角绞

攻击位置：颈动脉、颈椎。

▶ 训练方法

沙人训练法和双人对练法。

（1）横四方位手臂三角绞（肩固）

使用目的：推臂地面四方位压制时的绞技降服技术。

技术详解（图2-68a ～ d）：四方位上位肩固（对近侧手臂实施肩固），我方对对方呈架裟固位或四方位（对方平躺，以我方在对方右手边为例），我方两手抓住对方右臂向前推，使其右臂尽量挡在颈前位置，同时用我方前胸下压其右上臂。我方右臂从对方左臂下侧伸过，经其左颈，绕过脑后，右手左伸，抓左臂肱二头肌，右肩（或右侧）紧压对方左肩。我方右臂收紧，左手用力够对方头部，勒绞对方左颈动脉。我方身

> **提示**
>
> 动作成型后，右膝抵住对方腹部，左脚点地，左腿向外打开。右膝沿对方胸部上顶，以增加对对方的扭颈效果。身体持续在地面顺时针扭转，以增加对对手的扭颈效果。右臂绕过对方颈部后，右掌心向下与左手扣握，完成手臂三角绞。

图2-68a

图2-68b

图2-68c

图2-68d

体顺时针打开，与对方身体尽可能呈90度角，我方由跪姿变成双脚点地，将全身重量向前压以增加对对方窒息和扭颈效果。

（2）蟒蛇绞

使用目的：蟒蛇绞是手臂三角绞在双方地面南北位（对方俯卧位时）的应用，同属于手臂三角绞技法。防御对方下潜抱摔，防御过程中可对其进行蟒蛇绞窒息控制或降服对方。

技术详解（图2-69a～d）：当对方下潜抱我方双腿摔时，用两前臂抵住对方肩部向前推，同时两脚向后蹬踹，使我方重心后移主动跪地，身体后趴的同时将对方压在我方身下；右臂从对方左颈前掏过，左手从其右腋下掏过；我方左手向内推其右上臂，右手从其右腋下掏过；左手继续向内推其右上臂，使右手抓住左臂肱二头肌，左手按住对方后背。我方两腿向后伸直，头钻向对方右腋下，身体借势向左翻滚且两臂内收夹紧。此时，双方头对头躺在地面，我方用腹部压向对方头部；两腿在地面摩擦走动，使身体顺时针旋转，使我方脚够到对方的脚，并钩住其腿。

图2-69a

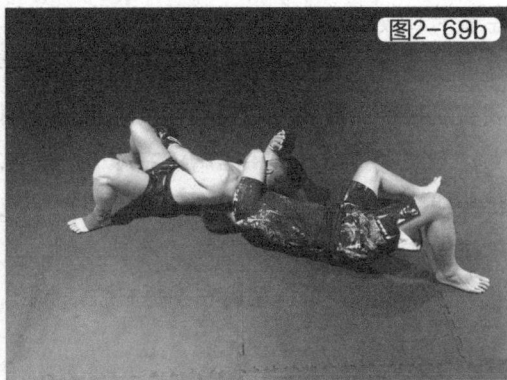
图2-69b

图2-69c

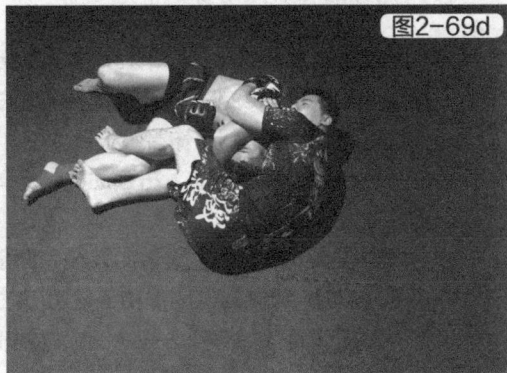
图2-69d

> **提示**
>
> 　　手臂的绞技有使颈动脉闭锁的效果，而我方身体的旋转和蜷缩会产生扭颈效果。右臂肘窝为绞对方左颈动脉的攻击点，可以增加肱二头肌对颈动脉的压迫，或者利用桡骨压迫颈动脉。形成对对方脖颈的绞技后，只要用力向侧面拉其脖颈即可产生扭颈效果。
>
> 　　蟒蛇绞翻身的原则是：向被我方夹住手臂的方向翻滚。蟒蛇绞成型后，加入我方身体的蜷缩旋转以增加扭颈效果。

袈裟固

　　攻击位置：颈动脉、颈椎。

　　使用目的：地面侧压位的一种绞技降服技术。

　　技术详解（图2-70）：我方在对方右侧侧卧夹臂压制位，对方仰卧，我方两腿分开侧卧压制，左手抓住对方右臂，使其位于我方左腿上侧，并使对方右臂尽可能伸直；左臂肘弯夹住对方右前臂；右臂从其颈后自右向左绕过；肘击或拳击对方面部，或进行袈裟固控制，即我方右臂回伸，右手拇指朝上，与左手扣握，使用右胸、右腋下、右肱二头肌、右前臂、两手扣握形成的闭锁区域

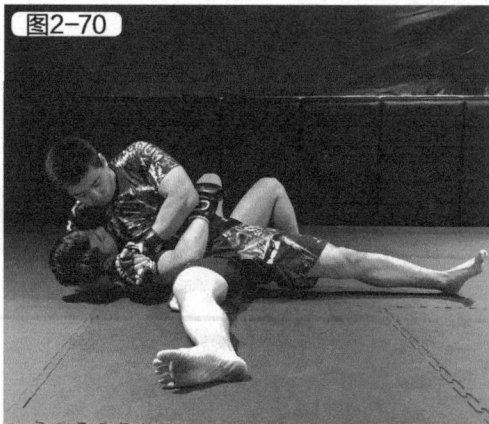

图2-70

挤压对方颈部，使对方脑缺血而被降服。若我方手臂较长，可以采用右手抓左肱二头肌，左手掌压对方额头的方法进行袈裟固降服。

　　▶训练方法

　　沙人训练法和双人对练法。

> **提示**
>
> 　　双腿交叉，身体侧面下压对方，袈裟固时，将腋下贴近对方喉部，整个手臂尽可能深地契合对方颈部，右臂肱二头肌切住对方颈动脉。夹颈手臂的拇指向上，以增加桡骨对对方颈部的切压伤害效果。
>
> 　　袈裟固绞紧后可加入扭颈动作，身体顺时针贴地面转动，扭颈时胸部下压以形成更好的勒绞效果。
>
> 　　对于手臂粗、力量大者，袈裟固闭锁颈动脉效果和致晕效果更明显；对于手臂细小的使用者，臂骨压制剧痛和颈椎切压效果更好。
>
> 　　袈裟固时臀部尽量离开地面，以利于把整个身体的重量压在对方身上，加强压制和控制效果，防止对方逃脱。

袈裟固位腿式锁肩

攻击位置：肩肘关节。

使用目的：袈裟固位利用我方腿部控制对方一只手臂，进行控制型击打的方法。

技术详解（图 2-71）：从侧卧压制夹臂位开始，我方左臂夹对方右臂，左臂前推对方右臂，推成屈肘举臂位；我方右大腿在对方左上臂下，右小腿外侧向下别住其右前臂，形成侧卧压制位外侧臂锁；对方右上臂在我方右大腿上侧，右前臂在我方右小腿下侧，形成上下穿插式臂锁。在形成袈裟固位腿式锁肩后，我方可以左拳连续击打对方面部，直到其认输。

图2-71

三角绞

攻击位置：颈动脉。

使用目的：闭锁对方颈动脉；地面封闭式防守位的一种防守反击方式，利用腿部三角绞可以降服对方。

▶ 训练方法

沙人训练法和双人对练法。

（1）下位三角绞

技术详解（图 2-72a～c）：当对方在地面上位，我方在地面下位的封闭式防守态势时，我方双手迅速拉对方右臂并挺腰起腿，我方双腿压对方肩，右腿横担过其颈后，左腿腘窝向下夹紧我方右脚踝；同时，我方双腿内收夹紧，两臂向下向右拉对方右臂，使其右肩和脖颈尽量靠近；夹紧对方颈肩后，我方双手抱住其脑后向左侧拉，以增加对其右颈动脉的压迫；或者身体向左扭转使双方身体相互垂直，我方左手向右拉对方后脑，右手穿过其左腋下或左腿腘窝，向上抱并夹紧；成型后，两腿内收夹紧，腰前顶，手抱对方后脑，向一侧扭颈。

提示　　拉对方右臂，我方右腿压对方后颈；拉对方左臂，我方左腿压对方后颈。主要绞锁对手颈动脉的部位是横压到对方脖颈后的那条腿的腘窝。成型后，把对方头部向其被夹臂一侧搬拉，以增强对方被夹上臂对其颈动脉的压迫。如果规则允许，完成三角绞后，继续肘击对方头部。

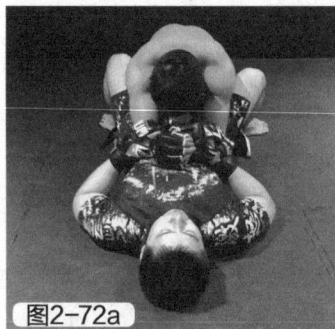
图2-72a

图2-72b

图2-72c

（2）拿背位三角绞

技术详解（图2-73a～c）：我方为拿背位，且位置较靠上，试图用裸绞降服对方；当对方防御裸绞时，我方左手从对方左腋下掏入，抓其左腕后拉；右腿跨上对方右肩，并用右腿腘窝卡住其右颈；双臂抱勾对方左臂肘窝，将对方左臂拉直；同时我方右侧倒，右脚踝前侧塞入左腿腘窝，形成拿背位三角绞。我方两腿内收发力，右腿卡住对方右颈动脉，降服对方。

图2-73a

图2-73b

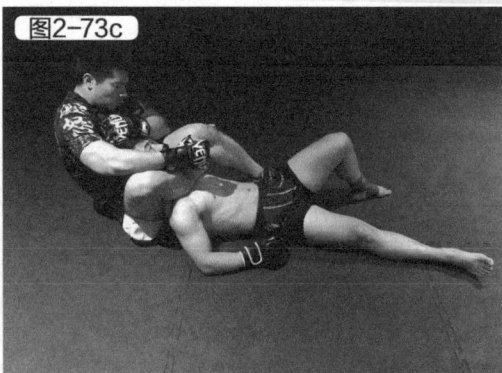
图2-73c

> **提示**　我方要尽量拉直对方左臂，这样三角绞成功率更高。规律为：对方肩关节上举内收的三角绞成功率更高，对方肩关节水平内收的三角绞成功率较低。

断头台

▶ 训练方法

沙人训练法和双人对练法。

（1）下位断头台

攻击位置：颈动脉、喉部。

使用目的：在下位封闭式防守位或者防御下潜抱摔应急时的一种绞技防反方法。

技术详解（图 2-74a ~ b）：当对方呈跪骑位，我方正好在下位开放防守时，我方迅速用左手扶地，形成支点，伸右手从对方脖颈后侧钩住其脖子；前推对方身体，使我方臀部从对方身下逃出，尽量呈地面坐位；我方左手从对方右臂前侧掏入，抓住右手腕形成断头台技术；我方手臂用力向内夹紧，后倒，双腿呈封闭式防守位，缠住对方腰部。胯前顶，两腿前蹬，将对方制服。

> **提示**　肱二头肌或肘窝勒绞对方左侧颈动脉时，如果手臂进得没有那么深，也可用右臂桡骨直接卡压对方颈动脉。

图2-74a

图2-74b

（2）断头台翻转

攻击位置：颈动脉、颈椎。

使用目的：如果断头台无法降服对方，可以利用断头台翻转增加断头台的扭颈效果，降服对方。

技术详解（图 2-75a ~ d）：我方为封闭式防守（即两腿缠住对方的腰，两腿在其腰后钩住的状态），我方身体左移，右手从对方左颈侧绕过，从其颈前掏出，左手抓右手腕，右前臂上提，挤压对方脖颈——完成断头台；腰部顺时针发力，完成翻转并骑乘对方，骑乘后仍然保持断头台动作。扭转过程中加强右臂肘窝对对方颈动脉的压迫，同时加成位移部分对颈椎的扭颈。在完成骑乘位断头台后，继续发力，降服对手。

图2-75a

图2-75b

图2-75c

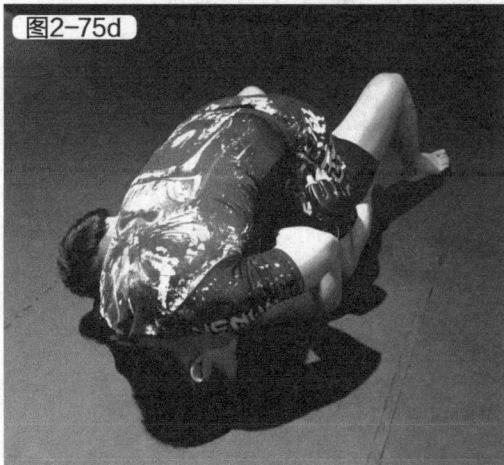
图2-75d

2.4.2 地面关节技

　　继续者战术格斗中给关节技下的定义是：利用人体关节特点，通过对人体关节的扭转、卡压产生我方逃脱及对对方关节产生伤害的一切技术的统称。广义上看，关节技包括使用工具的关节技，例如老虎凳、继续者战术棍中棍式外侧臂锁、棍十字固等；也包括徒手关节技。关节技按性质分为摆脱逃脱型关节技、攻击型关节技及摆脱、攻击兼有型关节技。关节技按体能模式分为站立关节技与地面关节技。关节技按攻击部位分为颈椎关节技（如继续者战术格斗中的颈椎锁）、脊柱关节技（如鱼式脊柱控制）、肩关节技（如木村锁）、肘关节技（如十字固）、腕关节技（如继续者战术格斗中的外侧腕锁）、指关节技（如继续者战术格斗中的下翻指关节技）、膝关节技（膝十字固）和踝关节技（如直踝锁）。

由于 MMA 的规则限制，双方没有可抓握的上衣，且带有分指手套，造成 MMA 中除了站立位外侧臂锁（站立位木村锁）等站立关节技偶尔出现外，其他站立关节技、腕关节技和颈椎关节技很难在 MMA 中出现。另外，MMA 规则禁止使用主动攻击对方手指的关节技。

本书介绍的关节技是 MMA 中使用频率最高、赛中降服概率最高的关节技，以地面关节技为主。

十字固

（1）上位十字固

攻击位置：肘关节。

使用目的：在骑乘位、浮固位、南北位都可使用的肘关节技。

技术详解（以锁左臂为例）（图 2-76a ～ e）：我方从骑乘位上位开始，先直体对对方进行地面直拳攻击骚扰；当对方用双手护脸或用双前臂护脸时（以右手勾住对方左肘窝为例），立即用我方右肘窝夹住对方左前臂，回拉其左臂，使其尽量贴近我方身体；伸左臂抱住其左肘窝（也可用左臂回拉对方左臂，接右臂在下，左臂在上，两臂一同抱住其左臂）；抬右腿用右脚踏于地面，身体跳起并左转，右腿覆盖于对方脸上，左腿覆盖于其胸部；双方呈十字交叉位，我方在对方身上，并用双手抱住其左臂，使其左上臂从我方两腿之间穿出，对方拇指向上，形成十字固；我方腰上顶，同时双手用力向下扳折对方左肘关节，以制服对方。

图2-76a　　　图2-76b　　　图2-76c

图2-76d

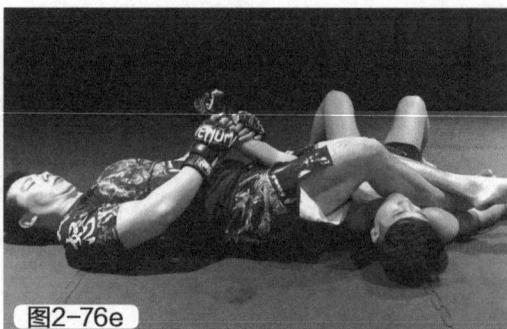

图2-76e

提示

注意事项

▪ 回拉对方手臂时，我方先拉对方的手臂在上，而另一只手臂在下，用肘弯勾住对方手臂肘窝。

▪ 十字固时，我方臀部尽量贴近对方左肩，使对方肘关节尽量长地伸出于我方两腿之间；我方双腿双盘锁死，防止对方对我方脚部下手；对方手臂的杠杆支点在我方大腿内侧而不是腹股沟；扳折方向是对方大拇指朝上的反向。

▪ 用两臂肘弯勾住对方手臂肘窝，拉直对方手臂，而不是用手腕拉对方手腕，完成拉直对方手臂。

▪ 我方用大腿内侧作为十字固杠杆，而不是腹股沟。

▪ 下压对方手臂与上顶髋扳折手肘，形成上下合力。

▪ 我方倒地时，主动快速舍身，并把挺髋动作融合其中，利用挺髋和舍身的速度和重量加重对对方肘关节鹰嘴的伤害。

▪ 如果遇到对方双手救援防御，即当我方向下扳折对方左臂时，对方伸右臂抓住其左腕或左拳，双手向我扳折反方向回拉时，我方要用左手握住其右手的一根或几根手指并用力前推；或用脚蹬踹其右前臂内侧打开其援救手，破坏对方双臂的闭合回路，从而完成十字固动作，以免被对方再次防御。

（2）下位十字固

攻击位置：肘关节。

使用目的：地面跪骑位下位的一种防守反击方式。

技术详解（图2-77a～d）：我方封闭式防守对方跪骑位进攻。当对方跪骑位对我方进攻时，我方两手抓其右臂并将敌右臂牢牢控制在我的胸前，同时逆时针在地上转动90度，左腿屈膝并向外伸，以致左腿与对方上身异面垂直，我方右腿此时上抬至对方左肋部；与此同时，我方右手向右推对方左脸。然后我方两手抓敌右手并用力向我方右身侧拉；两腿用力上抬，用左腿勾压住敌左颈，用右腿压住对方左肋并用力下压对方身体使其躺倒，同时我方伸左前臂勾住对方右肘肘窝，最终完成十字固动作；我方臀部贴近敌右肩，使敌右肘拉出于我方两腿之间，并使敌拇指向上，支点别在我方右腿内收肌位置，完成对对方右肘的关节技攻击。

> **提示**　　当已完成十字固动作，而对方未躺倒时，我方向上挺髋和双手下压同时发力即可对敌右肘关节造成伤害。或者使用下位反身十字固。

图2-77a

图2-77b

图2-77c

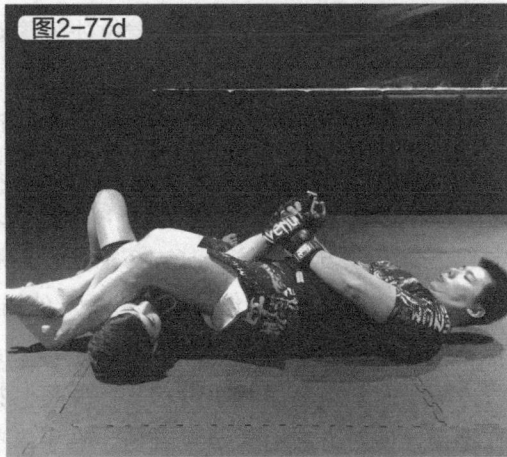

图2-77d

　　拓展技术：龙云式封闭式防守到下位十字固。该技术由姜龙云与尚志法演示（图2-78a ～ e）。我方封闭式防守对方，我方左腿蹬对方右胯，借蹬胯的力量，身体完成逆时针旋转 90 度，同时左手抓对方右腕，右手从下向上抄对方左腿腘窝，右腿过对方左腋下并搭在对方背上；然后左腿勾住对方颈部，右手始终抄住对方腘窝；接着双脚下蹬，使对方侧翻成仰卧位；最后身体后倒，完成十字固。

图2-78a

图2-78b

图2-78c

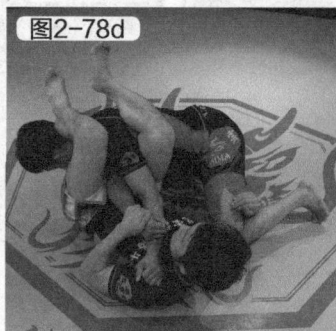

图2-78d

图2-78e

外侧臂锁

（1）美式锁肩（腕绒／举臂位外侧臂锁）

攻击位置：肩关节、肘关节。

使用目的：四方位压制、骑乘位、跪骑位都可使用的降服型关节技。

技术详解（图2-79）：锁右臂——双方呈四方位，我方在上位，对方在下位；前腿压住对方左臂，并用身体压住对方上臂外侧；该体位下（以对方头部在我方右侧为例），我方双手将对方右手腕用力前推，并将其按在地面，使对方右肘关节呈直角，右手掌朝上；我方左手从对方右上臂下自左向右掏入，并抓住我方右手腕，形成锁技；我方两手用力顺时针旋拧对方右肩，即可将对方制服，或扭伤对方右肩关节。

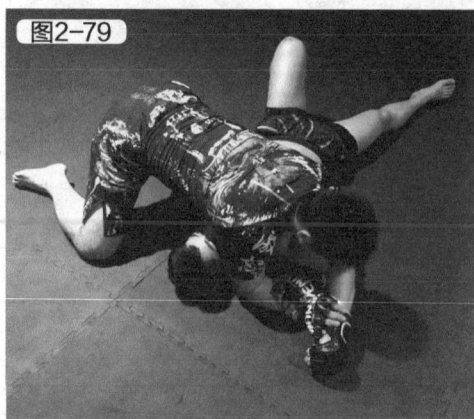

图2-79

注意事项

▪ 贴地要点：本技术要使对方的手背贴紧地面以完成关节技；对方手离地越远，对方手臂逃脱的概率越高。

▪ 本技术在柔术中叫作腕缄，在美国叫作美式锁肩。这两种命名都未能阐释该技术的使用方法，而在战术格斗中叫作举臂位外侧臂锁，即"将对方手臂举过肩部，一只手压住对方手腕，另一只手从对方上臂外侧掏过并抓住我方手腕，便形成了锁"。

▪ 掏入的手臂应尽量靠近对方的肩部，越靠近肩部，杠杆效果越好；越靠近对方肘关节，杠杆效果越差。

（2）木村锁（放臂位外侧臂锁／反式腕缄）

攻击位置：肩关节，连带肘关节。

使用目的：在四方位压制时的肩关节技降服技术，同样可以迁移到跪骑位下位、南北位。

技术详解（以锁右臂为例）（图2-80）：双方呈四方位，我方在上位，对方在下位；该体位下（以对方头部在我方右侧为例），我方双手将对方右手腕按在地面，并使其右肘关节呈直角，肘窝和右手掌朝下；我方左手压住对方右腕于地面，右手从对方右上臂外侧下自右向左掏入，并抓住我方左手腕形成锁技；我方两手用力顺时针旋拧即可制服对方。此时，将对方拉近我方身体，使对方向左侧躺于地，使用木村锁效果更好。

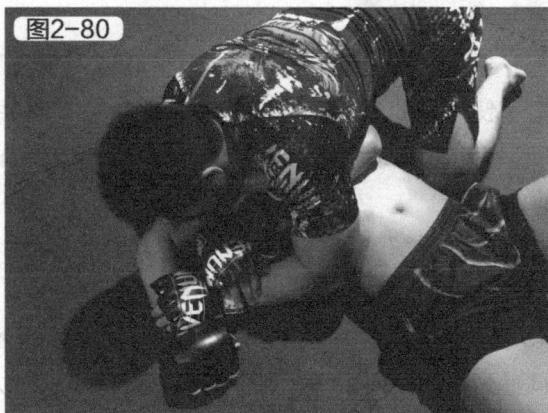
图2-80

外侧臂锁原则：一只手抓对方手腕，另一只手从其上臂外侧掏入，别住对方手臂，同时抓住我方手腕形成锁技；然后旋拧。

（3）下位外侧臂锁（木村锁）

攻击位置：肩关节，连带肘关节。

使用目的：在封闭式防守位，外侧臂锁的运用。在由下位到上位的翻转过程中，有一定概率对对方肘关节造成伤害的关节技。

技术详解（以锁左臂为例）（图2-81a～c）：双方呈跪骑位，对方在上位，我方在下位；对方出左摆拳攻击我方，我方突然坐起身并用右手尺骨向上格挡对方左腕，出下位左直拳攻击对方下颌；借起身之力，我方右手顺势抓对方左腕，左手抓其左肩；然后我方继续向右前方起身，身体左转，左手向后拉拽对方左肩，使其尽可能靠近我方身体；拉拽过程中，我方突然右手前推对方左臂，左手从其左上臂内侧掏过并抓住我方右手手腕——形成外侧臂锁；同时我方双腿在对方腰后形成锁扣（封闭式防守）；然后我方身体逆时针旋转大于90度，并用力扳折敌左臂。借助扳折对方左臂及双腿对对方身体位置的限制，将对方降服。

图2-81a

图2-81b

图2-81c

膝十字固

攻击位置：膝关节前交叉韧带。

使用目的：地面位完成对对方膝关节的关节技，从而降服对方。对方采用后方抱腰，有一定可能性通过站立转地面膝十字固完成防反。

技术详解（图2-82a～d）：当对方从后方不连臂熊抱时（对方腿不能离我方太远），我方迅速侧移身体，左脚向左迈一步，身体扭转半圆，我方位于对方身体左侧45度角位置，同时使对方左腿位于我方两腿之间；前躬身，双手抱住对方小腿后侧，向前送再向上向后举，身体后倒，臀部砸压对方腹部。我方躺在对方身上，腿前伸，用力向后扳折对方小腿，腰上顶，形成膝十字固；滚身倒向一侧，施展膝十字固，旋拧对方脚踝；右腋下夹住对方左小腿后侧，身体用力后倒，腰上顶，施展膝十字固，以增加膝十字固的破坏力。

▶训练方法

沙人训练法和双人对练法。

提示	膝十字固时，双腿缠住或形成三角扣控制对方；把对方的脚上拉到超过我方肩部的高度。

技术链举例——接腿绊摔加膝十字固：当对方中段扫腿打来（以右扫腿为例），我方身体向右侧移，避其锋芒，出左手，用手掌搓推对方右小腿外侧并顺势把手转到对方小

图2-82a

图2-82b

图2-82c

图2-82d

腿肚，左手抱住对方右小腿（同时用左腋下夹住对方右小腿），出右手推对方颈部，上右步，使右腿别于对方两腿之后，利用右手推对方颈部，右脚向后扫绊，左臂拉其右腿，将其放倒；然后我方双肘勾敌右腿，转身坐于对方右侧腹部上；我方上挺身，扳折对方膝关节——形成膝十字固，最终破坏对方膝关节交叉韧带。我方使用变形的膝十字固，即右肘和右腋下夹住对方右小腿后侧，用力扳折下压同时挺身，达到制服或致伤对方的目的。

直踝锁

攻击位置：踝关节前侧韧带。

▶ 训练方法

沙人训练法和双人对练法。

（1）同侧直踝锁

使用目的：地面脚对脚位时，锁对方同侧踝关节的关节技。

技术详解（以锁右踝为例）（图 2-83a～c）：双方腿对腿躺于地面，我方拉过对方右腿，并用左肘弯自左至右缠住对方右踝，同时用左腋下向下夹住对方脚背；我方左手抓住右臂肱二头肌，右臂左伸，右手按住对方胫骨前侧形成踝锁；我方身体后倒并用力上提撬双臂，利用左前臂为杠杆，左腋下压别撬对方踝关节使其拉伤。还可以使用踝锁，同时左右腿盘于对方右大腿上，并用脚尖勾住我方右腿的腘窝，形成三角扣，下压控制住对方右腿以加强踝锁效果。

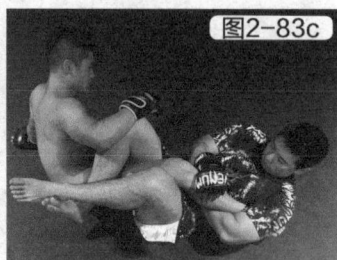

图2-83a　图2-83b　图2-83c

（2）异侧直踝锁

使用目的：地面脚对脚位置时，锁对方异侧踝关节的关节技。

技术详解（以锁左踝为例）（图2-84a～c）：双方腿对腿躺于地面，我方拉过对方左腿并用左肘弯处自左至右缠住对方左踝，同时用左腋夹住对方脚背；我方左手抓住右臂肱二头肌，右臂左伸，右手按住对方胫骨前侧形成踝锁；我方身体后倒并用力上提撬双臂，利用左前臂为杠杆，左腋下压别撬对方踝关节，使对方踝关节拉伤。还可以使用踝锁，同时左右腿盘丁对方左大腿上，交叉锁住并下压。

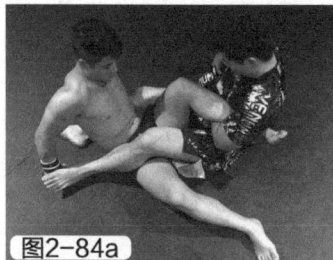

图2-84a　图2-84b　图2-84c

屈踝锁（外侧脚腕锁）

攻击位置：踝关节外侧副韧带及周围软组织。

屈踝锁特点：外侧臂锁在踝关节的应用，本技术成功率不高，使用时需要速度极快成型，并且利用爆发力扭转对方脚踝，否则遇到对方蹬踹式防御很容易滑脱；当对方身体瘦长、脚掌长时，会有杠杆作用加成；当对方光脚时，由于脚掌好抓握，攻击效果会更好；使用屈踝锁时，杠杆中作为支点的前臂尺骨或桡骨有一定概率卡压到对方小腿后侧的腓肠肌下部或胫骨下段内侧面，产生剧烈的疼痛，这种疼痛有利于屈踝锁的实现。

（1）侧南北位屈踝锁

使用目的：在侧南北位时，我方从外侧抱住对方小腿和脚时使用的踝关节技降服技术。

技术详解（以对方俯卧锁左腿为例）（图 2-85a ～ c）：地面位开始，我方侧卧在对方左小腿旁，脸朝对方脚部，我方右手抓住对方左脚前脚掌外侧，同时将其左膝关

节拉成屈曲约 90 度，将其前脚掌向内侧逆时针旋拧；然后我方左手从对方左腿内侧掏过，抓住我方右腕并用尺骨别住敌胫骨内侧（或小腿肚），形成南北位侧屈踝锁；我方两手继续逆时针旋拧对方脚踝和膝关节，左前臂向内压，伤害对方左脚踝关节外侧副韧带。

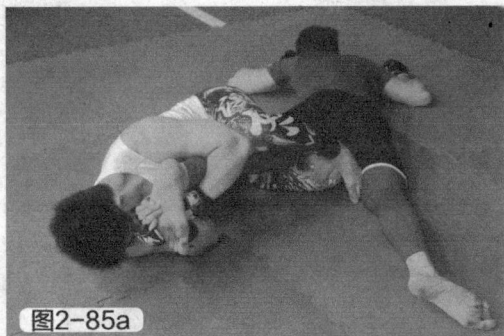

图2-85a

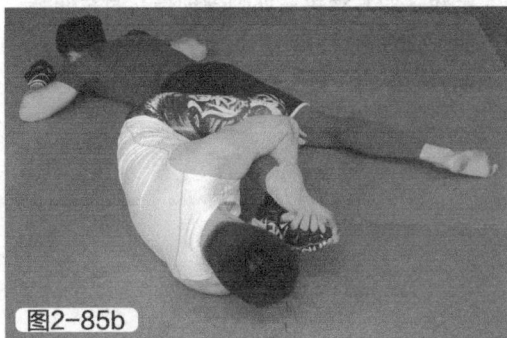

图2-85b

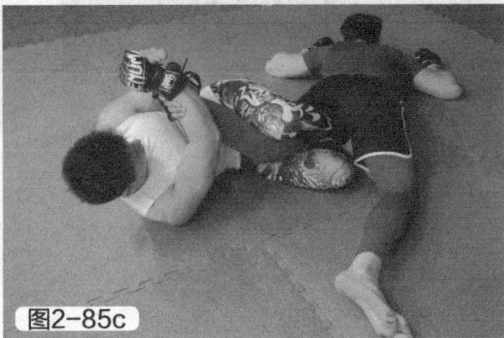

图2-85c

（2）南北位屈踝锁（骑其腿屈其膝）

使用目的：南北位骑一条腿后，使用的屈踝锁在膝十字固与南北位骑腿屈踝锁之间转换。

技术详解（以对方仰卧位我方骑右腿为例）（图 2-86a ～ c）：地面位开始，我方俯卧并骑住对方右腿，把其右腿拉成髋关节外展位（此时也可以使用膝十字固）；我方在对方右小腿旁，脸朝其脚部，左手抓住其右脚前脚掌外侧，将其右膝关节拉成屈曲位，前脚掌向外侧逆时针旋拧；然后我方右

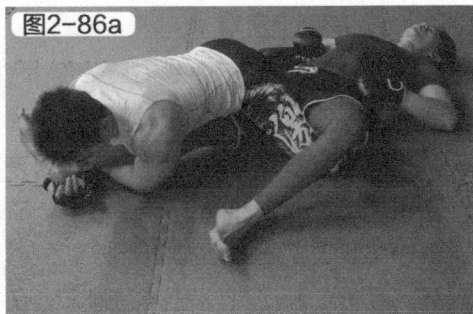

图2-86a

手从对方右腿外侧掏过，抓住左手腕并用尺骨别住敌胫骨内侧（或小腿肚），形成仰卧位骑右腿屈踝锁；我方双腿打三角扣；我方两手继续逆时针旋拧对方脚踝和膝关节，右前臂向内压，以伤害对方右脚踝关节外侧副韧带。

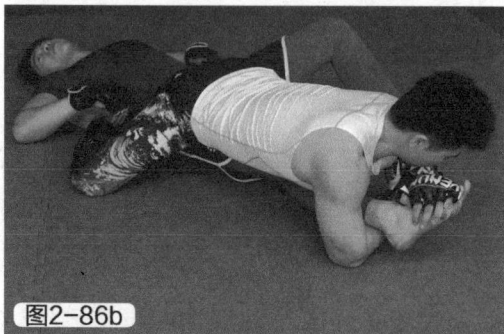
图2-86b

图2-86c

图2-87

提示　对方仰卧时，屈踝锁由内向外旋拧；对方俯卧时，屈踝锁由外向内旋拧。屈踝锁攻击对方踝关节外侧副韧带。对方仰卧时，我方到对方两腿内侧去（图2-87）；对方俯卧时，我方到对方两腿外侧去。

足跟勾

攻击位置：踝关节、膝关节。

使用目的：腿对腿仰卧位时，锁对方脚踝和膝关节的技术。

▶训练方法

沙人训练法和双人对练法。

（1）同侧足跟勾

技术详解（以左腋下锁右腿为例）（图2-88a～c）：双方腿对腿仰卧位，我方双腿夹住对方右腿，并使其右腿从我方两腿之间伸出；我方左腿下压其右腿，右腿上盘，与我方左腿自然搭扣，控制住对方右腿。我方左腋下夹住对方右脚掌，使其

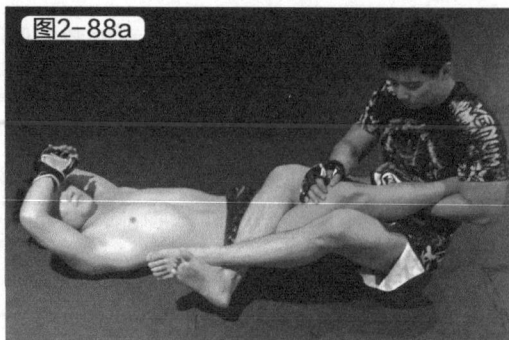
图2-88a

图2-88b

图2-88c

右脚跟向上，我方左手在下、右手在上扣握，左前臂勾住对方右脚跟并向上掰，即可制服对方。若我方向右滚身，即有一定概率扭断对方踝关节韧带或膝关节交叉韧带。

> **提示** 同侧夹对方脚掌，即左腋下夹其右脚掌，右腋下夹其左脚掌。

（2）异侧足跟勾

技术详解（以左腋下锁左腿为例）（图2-89a～c）：双方腿对腿仰卧位，我方双腿夹住对方左腿，并使对方左腿从我方两腿之间伸出；我方左腿下压敌左腿，并把左脚塞入右腿腘窝下，右腿腘窝夹紧，形成三角扣缠住敌左腿（或者自然搭扣）；我方用左腋下夹住敌左脚掌，使敌左脚跟向上，我方左手在下、右手在上扣握，并用左前臂勾住敌左脚脚跟向上掰，即可制服对方。若我方向右滚身，即有一定概率扭断对方踝关节韧带或膝关节交叉韧带。

> **提示** 对侧夹敌脚掌，即左腋下夹敌左脚掌，右腋下夹敌右脚掌。

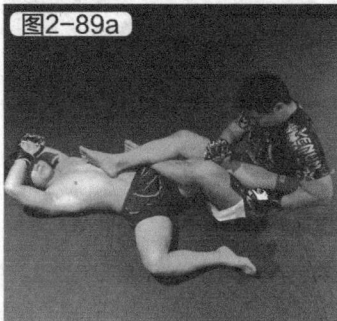

图2-89a

图2-89b

图2-89c

应用（后侧不连臂熊抱＋足跟勾）（图2-90a～d）：对方后侧不连臂熊抱，我方突然倒地，左腿自下向上穿过对方双腿之间，同时身体在地面逆时针旋转接近180度，与对方面对面，我方左腿上缠对方左腿，左脚跟下压其左侧腹股沟，利用左腿将对方压倒，同时我方双手抱其左脚；对方倒地时，我方利用左腋下夹对方左脚掌，左右小腿交叉并向下压住对方左腿，两手扣握并自下向上勾住其脚跟——形成足跟勾。我方快速向右扭转腰身并翻滚，即可拉伤对方脚踝韧带或膝关节交叉韧带。

图2-90a

图2-90b

图2-90c

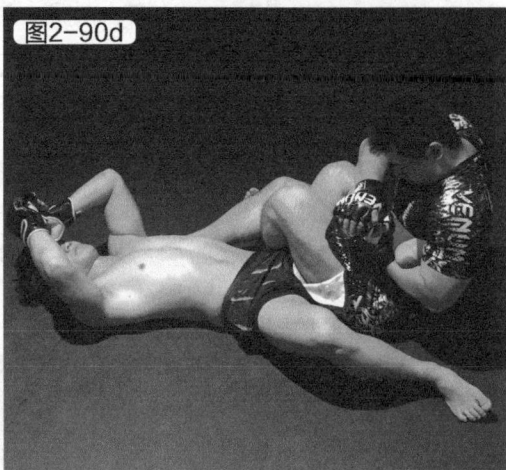

图2-90d

第3章

MMA的

闪避、受身 和 防御技术

作为初学者，更多人关心 MMA 的攻击技术，例如站立打击技、地面打击技、摔投技、地面绞技、地面锁技等；但要成为一名资深的 MMA 运动员，除了掌握各种 MMA 攻击技术与攻击技术链外，各种自我保护技术与防御技术也是专业水准的体现，同时也是延长职业生涯的一种重要手段。

闪避与防御性体位转换

站立到地面的受身技术

接触式防御技术

3.1 闪避与防御性体位转换

3.1.1 站立闪避技术

继续者三维闪避体系：对于对方的所有打击技攻击，我方可以选择在矢状面、冠状面和水平面闪避，也可以跨平面闪避。比如，对于对方打来的直线正面攻击或弧线攻击，我方可以在矢状面中后闪，弧线攻击也可以采用在矢状面上直线上步的策略；对于对方高位的摆拳，我方可以选择降低水平面的下蹲；在闪避对方直拳时，可以选择在冠状面向对方直拳手臂外侧侧闪；对于对方直拳或摆拳，我方可以选择跨平面的下潜摇闪（下蹲降低水平面，上步在矢状面移动，侧移在冠状面移动）。由于MMA属于近身格斗，运动员为了在闪避后马上反击，其闪避幅度通常不大，并不都是整个身体在三维平面中闪避，而更多的是某个身体肢节在三种平面中闪避，这叫作身体肢节闪避。比如，对方直拳打来，我方如果选择在矢状面中后闪，可以只后闪头部及上半身，步伐不变。当然，如果对方直拳打来，则我方直接后滑步闪避，整个身体（尤其是重心）完全闪避，这种方式称为整体闪避。

后闪

后闪分为整体后闪和肢节后闪。当对方攻击时，我方前脚推，后腿撤步，身体整个后移的方式称为整体后闪。

（1）头部肢节后闪（图 3-1a ～ b）

闪避直拳、摆拳、勾拳、高扫腿、高侧踹或转身高摆腿等攻击头部的动作，我方脊柱后伸使头部向后闪的方法。

（2）腰腿部肢节后闪（图 3-2）

闪避低扫腿、中段扫腿踢大腿外侧、膝击、低位直线型腿法等攻击小腿或大腿的动作，我方后跳步并屈髋的方法。

图3-1a

图3-1b

后闪上步攻击

图3-2

对方在前方打来直拳，我方整体后闪或肢节后闪，然后迅速接上步出拳。前手直拳，接后手直拳；或后手直拳接前手摆拳，依情况而定。如果头部肢节后闪，一般用后闪上步接拳法。如果腰腿部肢节后闪，一般用后闪上步接拳法或扫腿。

外侧闪

一般为应对直拳或直线型腿法的闪避方法，可以用单纯外侧闪，也可以边外侧闪边加入侧滑步或上步。

（1）单纯外侧闪（图3-3）

以防右直拳为例，对方右直拳打来，我方头部左闪（向对方出拳手臂外侧闪）躲过其直拳，可以接右直拳、左摆拳等攻击。

（2）格挡外侧闪（图3-4）

以防右直拳为例，当对方右直拳打来，我方身体及头部迅速向左侧闪躲，伸左手向右侧推击对方右手腕外侧；也可用右直拳攻击对方面部。闪、推、右直拳一气呵成。

图3-3

图3-4

提示　**注意事项：该训练需长期进行以提升反应速度。**

下闪

下闪是应对直拳摆拳等攻击头部拳法的一种闪避方法，主要是原地下蹲或前躬身闪躲对方攻击。

（1）单纯下闪

以闪避右摆拳为例，对方右摆拳攻击，我方下蹲闪避，然后可以接我方过肩直拳攻击。

（2）下潜摇闪（图3-5）

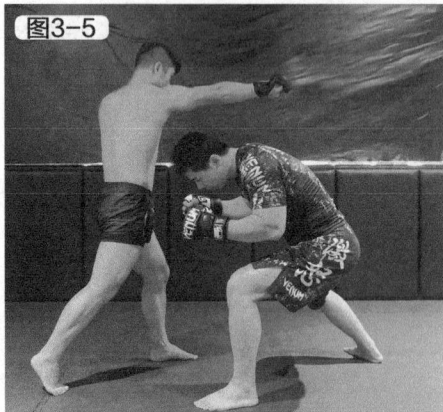

图3-5

以闪避右直拳为例，当对方右直拳打来，我方蹲身，前躬身，左脚向左滑步，从对方直拳下摇闪躲过其直拳。躲过的一刹那，接左勾拳攻击对方右侧软肋。后续攻击可接右手过肩直拳，也可接下潜抱摔。

上步闪避

（1）普通上步闪避

图3-6

普通上步闪避主要闪避中段扫腿与高扫腿等弧线型腿法的攻击面。例如，普通上步闪避防御高扫腿（图3-6），当对方起腿时，我方选择双手护头，上步近身，躲避对方高扫腿的攻击点——胫骨或脚背，对方扫腿攻击到我方大腿是可以承受的。我方同侧直拳迎击。

（2）上转步闪避

上转步闪避是侧闪与上步闪避的结合，目的是在侧上防御的同时近身并与对方形成L形站位，为闪避后接L形站位抱腰摔或者勾踢摔做准备。例如上转步闪右直拳接L形站位拿腰，对方右直拳打来，我方左脚侧步且身体侧闪，同时上步右转身，进到对方右腋下，接双手侧位抱对方腰部，接左脚勾踢摔（左脚绊舍身摔），倒地后立刻接骑乘。

（3）下潜上步闪避

预判对方出直拳或摆拳时使用下潜上步，为抱双腿摔创造条件。以下潜上步闪避右摆拳接抱双腿摔（图3-7a～c）为例，对方右摆拳，我方下蹲上步，闪避其右摆拳并尽量贴近对方中轴线，双手抱对方两腿腘窝，头肩向右抵住对方右肋，准备进行美式下潜抱摔。

图3-7a

图3-7b

图3-7c

3.1.2 地面到站立技术

当运动员被打倒或拖到地面时，若不熟悉地面缠斗，应率先由地面回归站立位，这需要采用一些地面到站立的技术，以便高效完成体位转换，同时尽可能防御在站立过程中遭到的打击或地面控制。

开放场地站立技术：快速站立技术

技术详解（图3-8a～e）：开放场地指没有笼网倚靠的 MMA 格斗场地，围绳场地可以理解为近似开放场地；我方双手屈肘护头，抬起一腿，佯装对对方进行地面腿击，然后突然身体向右侧翻，右手扶地，左臂屈肘并将前臂横于脸前，防止对方踢击我方面部；用左脚和右手支撑身体，右腿后撤并用力站起；站起时，身体重心尽量做垂直运动，站立后立即恢复格斗架势；站起到接近尾声时，我方左手前推，以拉开双方之间的距离。

> **提示**　快速采用后撤步站立，能更好地控制身体平衡，防止自身二次倒地；同时挡在脸前的手臂有一定的防御功能，以防我方在站立过程中被击伤。

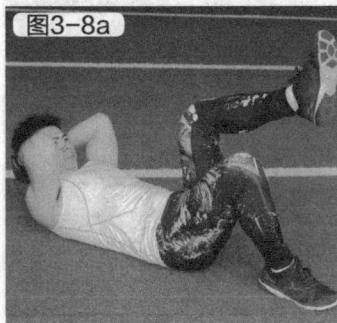
图3-8a

图3-8b

图3-8c

图3-8d

图3-8e

缠斗站立技术: 推人抽腿站立技术

技术详解（图3-9a～d）：我方坐位被对方前推，欲完成压制时，我方可以双手抓住对方双肩，前推对方的手臂和躯干，借助前推的反作用力把腿从对方腿下抽出，并

图3-9a

图3-9b

图3-9c

图3-9d

快速撤步，回归站立位。完全回归站立位后，再停止前推对方身体的动作，然后回归我方的战术攻击状态。

后滚翻站立技术

技术详解（图 3-10a ～ d）：我方由仰卧位直接运用站立技术；训练者仰卧于地上，以一只手臂为轴，身体向作为轴的手臂处后滚翻，腿部斜向后运动；滚翻时作为轴的手臂侧肩部着地，头部始终不着地。滚翻完成时，我方呈单膝跪地状态，然后由单膝跪地姿势站起。

| 提示 | 着地肩与跪地腿保持同一方向，也就是说，如果用右肩着地完成后滚翻，则右腿膝盖先着地。 |

图3-10a

图3-10b

图3-10c

图3-10d

3.2 站立到地面的受身技术

　　MMA受身技术是指格斗动作中，如何最省力、受伤概率最小地倒地的相关技术体系，包括如何快速倒地、快速滚翻，被对方摔投倒地时如何避免受伤，如何承受身体与地面的撞击力等技术。MMA受身技术既是MMA格斗技术的辅助部分，也是MMA专项体能的重要组成部分。

> **提示**　　MMA受身技术需在MMA格斗训练垫、柔道垫、围绳擂台、笼网擂台等软地上进行，以免受伤。
> 　　下面介绍两种倒地受身思路：一种是基于肌群离心缓冲发力，并增大身体与地面接触面积；另一种是通过滚翻增大与地面的接触时间。在实战中需灵活使用上述两种思路。

3.2.1 倒地受身

　　当被对方打倒、摔倒，或自己不慎在比赛中摔倒时使用的非滚翻类减小身体与地面撞击力并减小关节受伤概率的倒地缓冲技术。倒地受身也是使用各种舍身技的基础训练。倒地舍身技包括舍身拳、舍身腿法、舍身摔法、舍身关节技、舍身绞技等。

　　倒地受身的原理是：利用人体特定肌群的缓冲发力减小人体着地速度，从而减小人体与地面的撞击力；同时，增大身体与地面接触面积，从而减小身体与地面接触压强。

　　倒地受身的训练步骤如下。

　　（1）进行倒地受身专项体能训练。

　　（2）进行自体倒地受身训练。

　　（3）进行搭档推击或拉倒的受迫训练。

　　（4）搭档进行绊摔背负投各种抱摔的攻击时，训练者练习实战中的倒地受身。

前扑

　　（1）拍击式前扑

　　技术特点：利用前臂着地、增大与地面接触面积的方法减小突然向前摔倒时身体与地面的撞击力，前扑速度快，不容易伤到肘关节；一般在对方后方抱双腿摔时，用来防身。

　　技术详解（图3-11a～b）：由站立位开始，突然向前扑倒；两腿尽量下蹲，双脚后蹬且双腿叉开以减小上肢与地面的距离，从而增加缓冲效果；脚尖触地，双掌和前臂同时触地，增大与地面接触面积，从而减小与地面的撞击力。

图3-11a

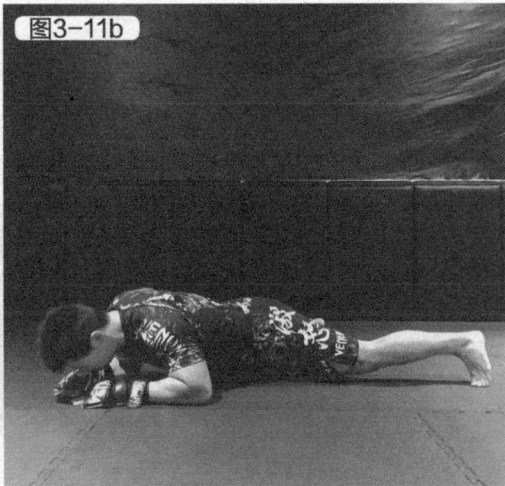

图3-11b

（2）缓冲式前扑

技术特点：利用推力肌群离心收缩缓冲进行前扑，减小突然向前摔倒时身体的受伤程度。

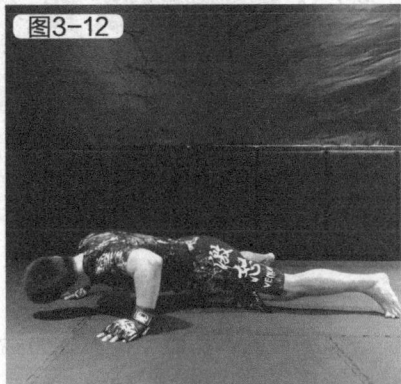

图3-12

技术详解（图3-12）：由站立位开始，突然向前扑倒；两腿尽量下蹲，双脚后蹬且双腿叉开，以减小上肢与地面的距离，从而增加缓冲效果；脚尖和双掌触地，双掌着地后上肢推力肌群用力，进行离心收缩缓冲；脸向一侧歪，以免鼻子碰到地面。

提示

注意事项

■ 下蹲并叉开腿：减小上肢与地面的距离，降低冲击力。

■ 脚尖触地：防止膝盖磕到地面；若脚尖无法支撑身体，尽量使大腿整个贴地以增大受力面积，减小膝关节损伤的概率。

■ 双掌与前臂同时触地：防止戳伤手腕，增大接触面积，减小撞击压强，降低受伤风险。

■ 两臂肌肉用力离心收缩缓冲：既减小手掌与地面撞击时的声音，又保证腕肘关节不致被戳伤。

■ 头歪向一侧：防止前扑摔倒时撞伤鼻子。

■ 本技术需要俯卧撑击掌等专项体能作为基础。

单飞鸟式侧倒

训练目的：降低侧倒时的受伤风险。

技术详解（图3-13a～c）：以我方右侧身倒地为例，从站立位开始；向前抬右腿且身体左转，左脚始终着地，下蹲到极限；当左脚无法承受身体重量时，左侧臀部着地；着地瞬间，身体圆滑地向后滚动，滚动达到颈椎时，右掌向下拍地进行最后的缓冲。

图3-13a

图3-13b

图3-13c

图3-14

提示 抬哪条腿，就向哪个方向倒。例如，抬左腿，就向左侧倒（图3-14）。

飞鸟式后倒缓冲受身

训练目的：在遭到前方大力猛推或失去平衡而向后摔倒时使用，可减轻身体与地面接触碰撞造成的伤害，同时保护后脑免于受伤。

技术详解（图3-15a～c）：从站立位开始，先下蹲，利用腿部肌肉离心收缩进行缓冲，待蹲位失去平衡时顺势后倒，臀部着地，接腰部、下背部、上背部依次圆滑地着地——形成"臀腰背依次弧线感"。上背部着地时，伸双手，张开手掌拍地做最后的缓冲。整个过程中，收紧下颌，头部前伸，以免后脑着地。

提示 张开手掌的目的在于增大身体与地面接触面积，减小地面对人体的压强，从而减轻身体与地面碰撞造成的伤害。

图3-15a 图3-15b 图3-15c

3.2.2 滚动受身

当被对方打倒、推倒、绊倒、摔倒，或自己不慎在比赛中摔倒时使用的减小身体与地面撞击力并减小关节受伤概率的滚翻类倒地缓冲技术。滚动受身的原理是：增大与地面的接触时间，在冲量一定的情况下减小与地面的撞击力。

滚翻受身也是使用各种舍身技、某些地面绞锁技和地面逃脱技术的基础训练。需要滚翻辅助的地面绞锁技包括站立位抱后方单腿接膝十字固（借助前侧肩滚翻）、足跟勾完成后使用侧翻技术增加攻击威力等。地面逃脱技术包括被美式锁肩后采用后滚翻逃脱法，蝴蝶式防守接蹬踹、接后滚翻逃脱地面位等。

滚动受身的训练步骤如下。

（1）进行滚动受身专项核心力量训练。

（2）进行自体慢速滚动受身训练。

（3）进行搭档推击的受迫滚动受身训练。

（4）搭档进行绊摔、各种砸摔时，训练者练习实战中的滚动受身。

（5）结合格斗技术进行滚动格斗技术训练，例如滚动裸绞、滚动断头台、前滚翻接膝十字固、滚动足跟勾等。

抱膝侧滚

训练目的：练习地面侧滚受身技术，同时提高前庭系统的稳定性；训练人体倒地时，头部躲避地面的应激能力。

▶训练方法

训练者双膝跪地，两手扶在两腿大腿正面；然后训练者侧倒，由右上臂外侧、右肩、右背、斜方肌、左背、左肩、左上臂外侧依次圆滑地滚动，然后回归起始位。身体滚动时，头部始终不接触地面，身体滚动的轨迹接近圆形，头顶处指向圆心的位置。完成右侧滚动，再换左侧滚动。

前侧肩滚翻

训练目的：被人从后方推倒或撞倒，或者快速逃脱背后击打时，可以通过前侧肩滚翻进行受身防伤及逃脱。

技术详解（图3-16a～e）：我方由站立开始，右脚在前、左脚在后呈浅位前弓步；右手前伸，身体前扑，用右手掌背接触地面并顺势接右前臂、右上臂、右肩（躲过肩峰）、右侧上背部、左侧下背部依次圆滑地向前滚出，直到左侧臀部着地；待双脚着地后，左手轻抚地面以增加缓冲效果。站起后，仍为右脚在前、左脚在后的浅位前弓步状态。

> 提示　背部滚过的轨迹是一条对角线。如果采用右手先着地的滚翻，那么背部滚过地面的轨迹是从右肩后侧到左臀部的对角线。

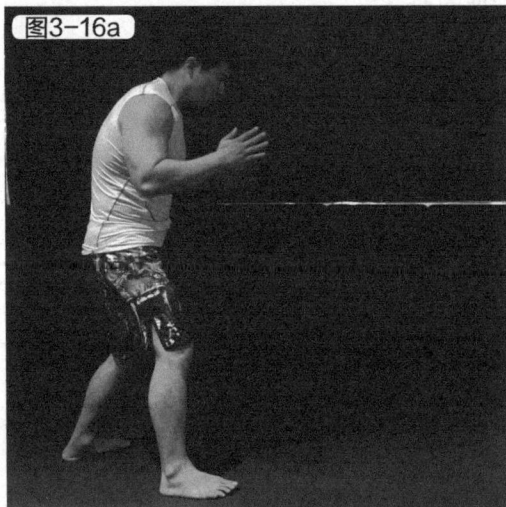

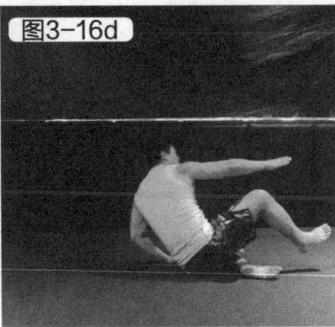

图3-16a

图3-16b

图3-16c

图3-16d

图3-16e

3.3　接触式防御技术

3.3.1 打击技的主动接触式防御技术

　　打击技接触式防御是各种主动格挡和破坏式格挡技术的统称。格挡技术是指利用身体坚硬肢节主动挡击对方攻击环节中的薄弱部分。破坏式格挡是指利用身体坚硬肢节主动挡击对方攻击环节中的薄弱部分，并可以造成对方直接疼痛与损伤的技术集合。

　　破坏式格挡包括手臂破坏式格挡、腿部破坏式格挡、头部破坏式格挡三大部分。其中，手臂破坏式格挡主要利用我方的尺骨末端外侧和肘部。由于 MMA 手套带有护腕，挡住了尺骨末端外侧，所以 MMA 中的尺骨末端外侧破坏式格挡无法使用，但是在无拳套的战术格斗中有使用效果。肘部破坏式格挡仍然有效，例如用肘部破坏式格挡中段扫腿，肘部破坏式格挡对方膝击时的大腿前侧等。腿部破坏式格挡主要利用我方膝盖或者胫骨上端粗大部位。由于 MMA 比赛不戴护腿，所以可以使用，而且大量 MMA 比赛出现过一次破坏式格挡断掉对方小腿骨的案例。头部破坏式格挡主要是利用受过训练的额头撞击对方的裸拳、脸部、额头、后脑。由于 MMA 比赛禁止使用头槌攻击，所以头部破坏式格挡也不能使用，但在战术格斗中仍然有效。

　　打击技接触式防御训练的操作步骤如下。

　　（1）接触式防御的空击动作学习。

　　（2）进行接触式防御训练前的专项体能训练，上肢外展及伸肌群的力量训练、MMA 腹肌训练、下肢外展及伸肌群的力量训练。

　　（3）进行搭档慢速单体攻击的接触式防御训练。防御者佩戴护小腿进行破坏式格挡。

　　（4）进行搭档快速复合攻击的接触式防御训练。防御者佩戴护小腿进行破坏式格挡。

　　（5）结合 MMA 实战技战术及对手技术风格的抗击打训练，进行复合针对性接触式防御训练，同时防御者加入反击技术，攻击者可以佩戴头盔和护小腿。此阶段需要专业的队员或陪练运动员完成。

拳法攻击的接触式主动防御技术

（1）直拳的外推挡 + 反击

　　训练目的：利用人体上肢内收肌群力量大于外展肌群力量的特性，对对方直拳进行由外向内的推拍，改变对方直拳攻击路径并闪避与反击。

技术详解（图3-17）：对方右直拳攻击，我方左侧闪并用左手拍挡对方右直拳手腕外侧；后面可接我方右直拳攻击。

（2）摆拳的内格挡＋反击

训练目的：主动防御摆拳攻击。

技术详解（图3-18）：对方右摆拳攻击，我方左手上举，掌心向前，肘关节呈90度（或小于90度），用前臂外侧尺骨处防御对方摆拳的手腕内侧；同时可以出右直拳反击。

图3-17

图3-18

（3）勾拳的下格挡＋反击

训练目的：主动防御勾拳攻击并保护下颌。

技术详解（图3-19）：对方左勾拳攻击我方下颌，我方由格斗架势开始，右前臂下摆，掌心向后，肘关节小于45度，用前臂外侧尺骨处向下防御对方勾拳的手腕内侧；然后可以出左直拳反击。

图3-19

肘法攻击的接触式主动防御技术

（1）挑肘格挡

训练目的：形成对平击肘法的挑肘防御性神经肌肉条件反射。

技术详解（图3-20）：攻击者以平击肘攻击我方脸部。我方以同侧肘格挡对方肘击的前臂侧（我方挑肘防御的同时可以手抱后脑）——形成挑肘式抱头防御；即使我方挑肘时没有格挡到对方前臂外侧，也可以起到防御肢节阻挡的效果。格挡后，接我方平击肘攻击。

（2）双尺骨格挡

训练目的：形成对平击肘法的双尺骨防御性神经肌肉条件反射。

技术详解（图3-21）：攻击者以左平击肘攻击我方脸部。我方双前臂抬起，用两个前臂的尺骨格挡对方肘击的前臂侧——形成双尺骨格挡。格挡后，接抓单臂站立外侧臂锁，或抓右臂右平击肘，抑或接抱腰绊摔。

> 提示　对站立肘击最好的防御思路不是格挡，而是到近身后进行缠抱，例如抱腰、锁颈或者抓腕抱臂。因此，为了防止站立近身肘击，近身用摔法是很好的思路。

图3-20

图3-21

膝法攻击的接触式主动防御技术

（1）主动压膝抱单腿

训练目的：被对方近身拉肩或箍颈，对方想要箍颈膝撞，我方可以向后撤身跑；也可以主动下潜，用双手把对方腿压到地面，同时接下潜抱摔。

技术详解（图3-22a～b）：对方箍颈的同时，我方不等对方膝撞就主动下潜，下潜时可以用右前臂尺骨挡在脸前格挡对方起膝；同时左手抄对方右小腿外侧，进而抱对方右腿。后面可接抱单腿摔。

> **提示** 　对方箍颈或拉肩时，我方应率先把一条腿上步到对方两腿之间，使对方在我身体外侧那条腿的膝击无法击到我方要害；同时右前臂尺骨下压对方大腿前侧近膝关节处，将对方的腿压在地面上，不给其膝击蓄力的空间。

图3-22a

图3-22b

（2）肘式破坏式格挡

训练目的：用对侧下砸肘格挡对方膝击的大腿前侧，有一定破坏式格挡效果，后面接抱单腿摔。

图3-23

技术详解（图3-23）：对方箍颈后抬右膝进行膝撞，我方主动用右肘下砸肘攻击对方右大腿前侧近膝盖位置；格挡后顺势左手抄抱对方右小腿外侧，将对方右腿按到地面（可以舍身发力），可以接左手逆时针旋拉，右肘顶敌右大腿内侧并逆时针旋推——锁膝摔；也可以接抱右腿抱单腿摔。

腿法攻击的接触式主动防御技术

（1）低扫腿的破坏式格挡技术

训练目的：利用胫骨上端粗大部位或者膝盖撞击对方胫骨末端纤细处或脚背，以造成对方胫骨末端、脚背、踝关节受伤的防御技术。髋关节外展外旋的破坏式格挡可防中低扫腿，以确保不会被对方踢击腹股沟抢攻。MMA 中禁止踢击腹股沟。

a. 同侧破坏式格挡

技术详解（图 3-24）：当对方中低段扫腿攻击我方大腿或小腿侧部时（以对方右腿低扫攻击为例），我方 45 度角向外提左膝防御（左髋关节屈曲外展并外旋），利用左膝下胫骨上部主动格挡对方扫腿的胫骨下部。后面可接右直拳攻击。

b. 异侧破坏式格挡

技术详解（图 3-25）：当对方中低段扫腿攻击我方大腿或小腿侧部时（以对方右腿低扫攻击为例），我方 45 度角向内提右膝防御（右髋关节屈曲内收并内旋），利用右膝下胫骨上部主动格挡对方扫腿的胫骨下部。后面可接右直拳攻击。

图3-24

图3-25

（2）中段扫腿的破坏式格挡技术

a. 腿式破坏式格挡

训练目的：利用胫骨上端粗大部位或者膝盖撞击对方胫骨末端纤细处或者脚背，以造成对方胫骨末端、脚背、踝关节受伤的防御技术。应对中段扫腿需要提膝防御时，髋关节屈曲和外展角度更大。

技术详解：当对方中段扫腿攻击我方大腿或小腿侧部时（以对方右腿中段扫腿攻击为例），我方 45 度角向外提左膝防御（左髋关节屈曲外展角度大于防低扫腿的角度），利用左膝下胫骨上部主动格挡对方扫腿的胫骨下部。后面可接右直拳攻击。

b. 肘式破坏式格挡

训练目的：利用肘关节下砸对方胫骨外侧或小腿外侧，防御对方中段扫腿击肋，以达到利用防御技术使对方剧烈疼痛的目的。本技术防御效果、成功率有限，需要平时多多进行精准练习。

技术详解（图3-26）：当对方中段扫腿攻击我方肋侧部时（以对方右腿中段扫腿攻击为例），我方呈格斗架势，左肘下沉，用肘头主动格挡对方扫腿的胫骨外侧。后面可接右直拳攻击。

（3）中段扫腿的主动拍挡

训练目的：本技术在自由搏击中运用较多，主要是同侧手防御头侧，异侧手跟随式抄挡对方小腿后侧，躲避对方中段扫腿攻击。

技术详解：当对方中段扫腿攻击我方肋侧部或左大腿外侧时（以对方右腿中段扫腿攻击为例），我方呈格斗架势，左手提高护左头侧，右手左伸从对方右小腿外侧掠过，跟随式抄挡对方右小腿并向右拨开对方右小腿，同时我方腰腿部肢节后闪。拍挡后有以下三种可能性。

a. 拍挡的同时我方左侧身体受到攻击(图3-27)。此时考验我方左侧身体的抗击打能力，我方拍挡会减小对方扫腿的力量，后面接左拳攻击，再接右左拳摆拳连击。

b. 拍挡的同时我方腰腿肢节后闪，躲过对方扫腿并用右手把对方右腿拨向我方右侧（图3-28），后面接左右拳连击。如果对方转身幅度较大，我方可接左腿低扫，攻击对方腘窝或膝关节内侧，或拍挡后前冲抱腿摔，抑或前冲拿背裸绞。

c. 拍挡的同时我方腰腿肢节后闪，躲过对方扫腿并用右手抄抱住对方右小腿。我方转右臂肘窝上抱接腿，后面接接腿绊摔或接腿勾踢摔。

图3-26

图3-27

图3-28

（4）正蹬和侧端的主动拍挡

训练目的：外侧拍挡，改变对方攻击方向并闪避，为下一步攻击创造条件。

技术详解：当对方中段正蹬（侧端）攻击我方胸腹部时（以对方右腿正蹬攻击为例），我方呈格斗架势，左手提高护左头侧，右手左伸从对方右小腿上掠过，拍挡对方右小腿外侧并向右拨开对方右小腿，同时我方腰腿部肢节后闪。拍挡后有以下三种可能性。

a. 拍挡的同时我方腹部受到攻击。此时考验我方腹部的抗击打能力，我方拍挡会减小对方正蹬的力量，后面接左拳攻击，再接右左拳摆拳连击。

b. 拍挡的同时我方腰腿肢节后闪，躲过对方正蹬并用右手把对方右腿拨向我方右侧（图3-29）。后面接左右拳连击。如果对方转身幅度较大，我方可接左腿低扫，攻击对方腘窝或膝关节内侧，或拍挡后前冲抱腿摔，抑或前冲拿背裸绞。

图3-29

c. 拍挡的同时我方腰腿肢节后闪，躲过对方正蹬并用右手抄抱住对方右小腿。我方左上转步，右臂肘窝上抱接腿，后面接接腿绊摔或接腿勾踢摔。

（5）中段扫腿的搓挡接腿防御

训练目的：搓挡式接腿摔的前导技术，在格挡章节重点练习搓挡技术。

技术详解（图3-30a～b）：当对方中段扫腿打来（以右扫腿为例），我方身体右移避其锋芒，同时出左手，用手掌搓推对方右小腿外侧并顺势把手转到对方小腿肚。后续可用左腋下抱夹住对方右小腿。

图3-30a

图3-30b

（6）正蹬的提膝防御

图3-31

训练目的：防御对方正蹬攻击我方腹部。此方法在MMA中运用得越来越少，而提膝防御应对扫腿则更为普遍，同时提膝防御是战术格斗中防御踢击腹股沟的技术。

技术详解（图3-31）：对方左腿正蹬我方腹部，我方提膝（左膝）阻挡，然后接右直拳攻击。

（7）正蹬和侧踹的上转步格挡＋接抱腿

训练目的：当受到正蹬和侧踹攻击时，采用躲闪加格挡的思路，后面有一定概率可以接抱腿。

技术详解

外侧闪外格挡（图3-32a～b）：当对方下段正蹬腿（下段侧踹）袭来（以右腿攻击为例），我方迅速左上转步，右手下位尺骨格挡对方右小腿外侧，并顺势右臂粘靠敌右小腿，转肘窝上抱敌右腿（尽可能高抬敌右腿，使其失去重心）；同时我方左臂伸于敌喉前。后面可以接勾踢摔或绊摔；也可以格挡后，直接上步左（右）直拳攻击。

内侧闪内格挡：当对方下段正蹬腿（下段侧踹）袭来（以右腿攻击为例），我方迅速右上转步，左手尺骨下位破坏式格挡对方右小腿内侧，并顺势左臂粘靠敌右小腿，转肘窝上抱敌右腿（尽可能高抬敌右腿，使其失去重心）；同时我右臂伸于敌喉前。后面可以接勾踢摔或绊摔；也可以格挡后，直接上步右（左）直拳攻击。

图3-32a

图3-32b

3.3.2 摔投技的被动防御原则

防摔专项力量原则

防御摔法对力量的要求非常高，对于 MMA 基础力量、力量速度爆发力、角力发力、缓冲发力都有很高的要求。没有防摔的专项力量作为基础，一切防摔技术都是空中楼阁。有关防摔的专项力量训练详见《MMA 综合格斗体能训练全书（全彩图解版）》。

受身原则

当对方把我方摔倒，我方着地时要使用本章介绍的各种倒地受身技术，这样可以减轻被摔倒时的受伤程度。可以说，摔法训练的基础是各种防摔受身技术。

3.3.3 关节技的被动防御原则

专项力量原则

关节技的防御对力量的要求非常高，对于 MMA 角力发力、缓冲发力、上肢内收肌群力量、下肢内收肌群力量都有很高的要求。没有防关节技的专项力量作为基础，很多防关节技的技术都会大打折扣。有关关节技或防关节技的专项力量训练，详见《打造格斗的肌肉》《MMA 综合格斗体能训练全书（全彩图解版）》。

闭合回路原则

对方使用关节技，通常是用全身更多的肌群发力，对付我方一个运动环节的发力，例如对方抓我方一只手臂、一条腿等。我方通过两只手臂相互援护、两手扣握或者一只手抓住另一只的手腕——形成手臂闭合回路，可以防御对方的手臂关节技。例如防御木村锁、美式锁肩、十字固、变形的手臂闭合回路，例如我方一只手拉住我方一条腿腘窝（拉住我方短裤），形成手臂与腿的闭合回路，对于对方的手臂关节技也有防御效果。

手臂闭合回路也可以产生攻击效果，例如手臂闭合回路防御对方下位十字固，手臂闭合回路后接举起砸摔，直接可以 KO 对方。手臂闭合回路接举起砸摔需要 MMA 专项摔法力量训练作为基础，业余选手使不出这种技术。

同理，如果我方两条腿彼此脚踝勾缠——形成腿部闭合回路，对于很多腿部关节技也有防御效果。例如腿部闭合回路的下方腿防御膝十字固，腿部闭合回路防御足跟勾和直踝锁等。同样，也有变形的腿部闭合回路，例如我方一只手拉住我方一条腿的脚踝，对于该腿的脚踝关节技也有一定的防御效果。

3.3.4 绞技的被动防御原则

旋转破坏对位原则

很多绞技需要精准对位才能起到降服效果，例如用肱桡肌与肱二头肌同时闭锁对方两侧颈动脉；例如用桡骨卡住对方一侧颈动脉等。防御时通过我方身体扭转，破坏对方绞技的手臂对位，就能起到防御效果。

例如，对方使用断头台时，我方过腿且身体扭转向对方锁颈腋下的对侧，使我方和对方呈四方位，对方断头台即很难发挥降服作用。

例如，对方仰卧下位使用背后裸绞时，在对方未完全成型时，我方拉住对方手臂且整个身体扭转，只要可以扭转成我方侧身对对方正面，对方的裸绞即被破坏；如果我方可以扭转身体成面对面位，即回归了优势位。这种扭转防御裸绞的技术在比赛的后几个回合双方身体浸满汗水的时候成功率更高。

插手臂原则

可以通过在对方绞技的手臂中多插入一只手臂进行防御，例如在对方裸绞的闭合手臂中插入一只手臂，在手臂三角绞与腿部三角绞的闭合绞中插入两只手臂。这种方式防御只能短暂地延迟对方攻击效果或过渡型防御，需要与其他防御与防反技术相结合才能产生更好的实战效果。

颈部专项力量与肌肉训练原则

颈部肌肉的力量以及颈部的维度对于对方绞技的成功率都有影响。通常颈部肌肉力量越大，尤其是胸锁乳突肌越强壮就越能降低对方绞技的成功率，同时为防御绞技者施展技术赢得更多机会。另外，颈部的整体围度越粗，对方成功施展绞技的难度就越大。相反，颈部围度越细，对方使用绞技对防守方造成的伤害越大。因此，MMA颈部专项力量与肌肉训练对于增加绞技防守技术的成功率至关重要。

第4章

MMA的
防反技术

对各种 MMA 攻击技术防御后的反击，简称防反技术。

进攻是最好的防御，同时进攻（或优势的进攻态势）也是 MMA 获得胜利的唯一方式。当我方的防御可以瞬时抵御住对方的进攻时，我方马上接反击技术，以此将进攻主动权掌握到自己手中，同时瓦解对方的一次攻击技术链。

站立格斗防反技术

摔投技的防反技术

地面对站立的防反

地面劣势位的防反

地面关节技的主动防御

地面绞技的主动防御

4.1 站立格斗防反技术

站立格斗的防反形式包括直接迎击、躲闪防反、格挡防反、摔法防反、复合技术链防反等。需要将第二章与第三章的各种技术综合运用，而且需要运动员具有很高的应激体能素质。

4.1.1 直拳防反技术链

外侧防反

（1）外侧闪 + 直拳反击 + 摆拳反击

对方右直拳攻击，我方向对方右臂外侧（左侧）闪身并侧头，躲过对方直拳的同时出右直拳攻击其下颌，接左摆拳攻击其下颌（图4-1a～c）。后面可接其他组合攻击。

图4-1a　图4-1b　图4-1c

（2）外侧闪 + 前手摆拳 + 后手直拳

对方右直拳攻击，我方向对方右臂外侧（左侧）闪身并侧头，躲过对方直拳的同时出左摆拳攻击其下颌侧面，接右直拳攻击其下颌或鼻子。后面可接其他组合攻击。

（3）外侧闪过肩直拳

预判对方出右直拳或张手伸臂防御，我方直接外侧闪接过肩直拳攻击其下颌。可以在外侧闪的同时，加入左掌拍击对方右臂外侧。

矢状面防反: 后闪 + 上步直拳攻击

对方直拳攻击，我方脊柱后伸使头部后闪，同时向后小滑步。后闪成功后，上步直拳攻击，接组合攻击（图4-2a～b）。

图4-2a

图4-2b

> **提示**　此方法更适合手臂长的选手。

4.1.2 摆拳防反技术链

直接防反: 格挡 + 直拳

技术详解（图 4-3a ～ b）：对方右摆拳打来，我方以左前臂外侧尺骨主动迎击格挡对方右手腕内侧（或桡骨侧）；同时出右直拳击打对方面部（或腹部），后接组合攻击或摔投。

图4-3a

图4-3b

迎击: 前手刺拳

技术详解（图4-4）：我方用前手刺拳骚扰，防止对方摆拳攻击；当对方摆拳攻击时，快速以前手刺拳迎击对方面部，后接组合攻击或摔投。

> **提示** 此种方法适合应激反应速度快且臂展长的选手。

图4-4

4.1.3 勾拳防反技术链

直接防反: 格挡 + 反击

技术详解（图4-5a～b）：对方左勾拳攻击我方下颌，我方由格斗架势开始，右前臂下摆，掌心向后，肘关节小于45度，用前臂外侧尺骨处向下防御对方勾拳的手腕内侧，同时（或继续）出左直拳反击。后接组合攻击或摔投。

图4-5a

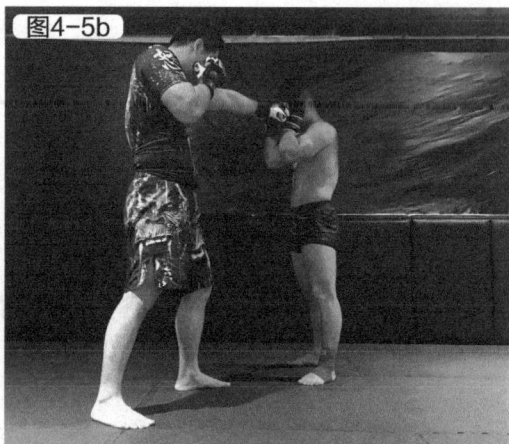
图4-5b

4.1.4 扫腿防反技术链

低扫腿防反技术链

（1）迎击：提膝格挡 + 同侧直拳迎击

技术详解（图4-6a～b）：对方右低扫腿攻击，我方左膝提膝髋外展45度破坏式格挡，同时出前手直拳迎击对方面部。后接右拳，接组合攻击。

图4-6a

图4-6b

（2）后闪＋上步攻击

技术详解（图4-7a～b）：对方左低扫腿攻击，我方后跳步并屈髋后闪（腰腿肢节后闪）。接左右直拳连击，或前腿低扫对方右腿腘窝。如果可以快速站立近身，接站立拿背裸绞；舍身裸绞后倒。

图4-7a

图4-7b

（3）破坏式格挡＋直拳＋摆拳

技术详解（图4-8a～c）：对方左低扫腿攻击，我方右膝提膝髋外展45度破坏式格挡，同时后手护头右侧防御；左直拳冲拳击打对方面部，接右摆拳；后接左拳，接组合攻击。

图4-8a

图4-8b

图4-8c

提示　　　（3）与（1）类似，都是破坏式提膝格挡，接直拳连击。二者的区别在于：（1）先打前手拳，（3）先打后手拳。需要根据运动员特点而定，不能生搬硬套。

4.1.5 正蹬防反技术链

后闪 + 上步攻击

技术详解：对方右中段前蹬攻击，我方后跳步并屈髋后闪（腰腿肢节后闪），接上步组合反击。

提膝格挡 + 异侧直拳 + 同侧摆拳

技术详解：对方右中段前蹬攻击，我方同侧提膝防御。接异侧直拳，接同侧摆拳。

4.1.6 侧踹防反技术链

侧闪下格挡 + 异侧直拳 + 同侧摆拳

技术详解：当对方右侧踹攻击（以右腿攻击为例），我方伸右臂，用前臂外侧向右搪击对方右小腿后侧，同时左上转步，也可以向右侧拍挡；然后接左直拳和右摆拳攻击。

拍挡防御 + 同侧直拳 + 异侧摆拳

技术详解（图 4-9a ～ c）：与应对中段扫腿和正蹬的拍挡防御，接同侧直拳异侧摆拳攻击方法类似。

图4-9a

图4-9b

图4-9c

4.1.7 前踢防反技术链

前踢指自下而上利用脚背或胫骨末端踢击的腿法,，在 MMA 的规则中，一般只能高段前踢踢击下颌或前踢攻击前躬身对手的脸部。高段前踢踢击下颌一般要高个子选手攻击矮个子选手，且对于前踢的攻击精准度有很高要求。

前踢的拍挡

技术详解（图 4-10）：对方左腿自下向上前踢，我方用手掌向下拍挡。待对方收腿时，我方可以抢攻。

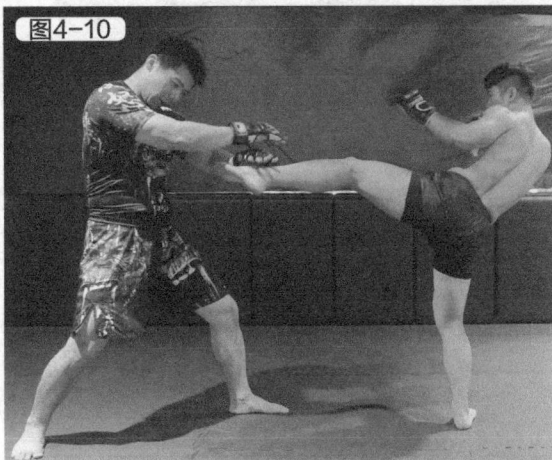
图4-10

后闪 + 上步攻击

与防御高扫腿的方法类似，头部后闪且脊柱后伸（可以附带后滑步）；躲过对方攻击后，同时上步攻击。

4.1.8 膝法攻击防反技术链

拍挡抓膝 + 压地锁膝摔 + 砸肘 + 跪骑位压制砸拳

技术详解：当对方双手箍颈时，很可能要使用箍颈膝撞；我方右前臂挡于脸前，下潜身形，主动用右前臂尺骨侧（或右肘，产生破坏式防御效果）抵住对方右大腿正面，同时左手抓对方右小腿侧面邻近脚踝处；我方两臂发力，将对方右脚牢牢按于地面，最好使其右腿呈弓步，以破坏其起左膝攻击的发力结构；然后我方左手右拉，右肘滑到对方右大腿内侧向左推，同时上右步，身体逆时针旋转，把左手拉右肘、腿和身体旋转的全部力量施加到对方右膝关节，形成力偶发力，使对方膝关节受伤并且摔倒；对方摔倒后，接右肘攻击太阳神经丛；接地面上位压制直拳。

> **提示**　下潜时右前臂挡于脸前，是防止对方起膝攻击我方脸部。整个动作一气呵成，要求快速，不可拖泥带水，不给对方防御或反击的机会。最后可以接踝锁，完成对对方的控制；也可以像应对扫腿接腿绊摔后那样，用膝十字固控制。

4.1.9 肘法攻击防反技术链

后闪 + 上步站立手臂三角绞 + 绊摔 + 地面手臂三角绞

技术详解：对方右肘肘击，我方头部后闪，上步夹臂抱对方颈。右臂从前向后绕过其颈并用我方右侧头部顶住其右肩（或右上臂）；我方右手从对方脑后抱住我方左臂肱二头肌（或扣抓我方左手）；我方左手绕前，压住其额头，两臂内夹并用力绞其颈部，右臂用力压制其左侧颈动脉——形成站立手臂三角绞；绞住后，接右脚绊摔或舍身袈裟固式舍身摔至对方躺倒；到地面后，接地面四方位手臂三角绞，将对方降服或绞晕。

4.2 摔投技的防反技术

4.2.1 下潜抱摔防反技术链

近距防反 – 被动绞技: 前锁颈舍身断头台

技术详解（图 4-11a ~ d）：当对方下潜抱摔时，我方有机会施展站立断头台技术，即我方左臂从对方脖颈后侧绕过并缠住其脖颈，我方左肘关节内侧贴其下颌并钩住其脖子，将右手从对方左臂前端掏入并抓住我方左手腕，同时舍身后跳；我方双腿封闭式防守并向前挺胯，同时我方用手臂将对方脖子绞向我方身体，可以继续挺胯上抬对方身体，将对方制服。

断头台成型后，可以利用身体翻转以增加断头台的威力。例如，我方右臂主导断头台，接向左翻转，利用右臂桡骨的碾压增加扭颈效果。

图4-11a

图4-11b

图4-11c

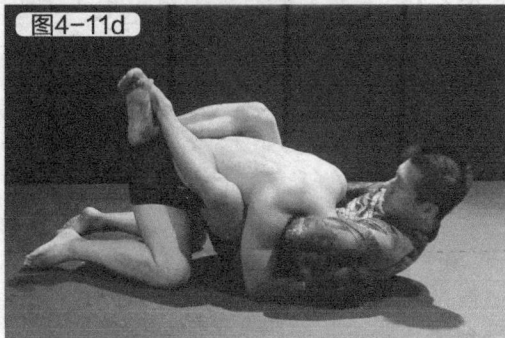

图4-11d

提示	**注意事项**

- 此技术并不是把对方的头向上拔，而是用肱二头肌、身体和前臂围成的区域夹起对方颈部，压制其一侧颈动脉。
- 成功施展站立断头台后，我方身体后倒（两腿缠住对方腰部），通过手臂将后倒的力量施加给对方脖颈，导致对方脖颈遭到更大伤害。
- 断头台在地面成型后，我方两腿缠住对方腰，形成封闭式防守；我方两腿前伸，拉扯对方躯干，两臂夹紧其颈，在将对方窒息的同时加入扭颈和拉颈效果。
- 使用断头台时，尽量使用夹脖子的断头台。夹臂断头台的成功率相对较低。

中距防反 – 前进绞技: 后跳步压制 + 拿背裸绞

技术详解（图4-12a ~ d）：对方下潜抱摔，在其接触到我方身体时，我方先完成后跳步压制对方，后跳步的目的在于让对方无法抓到我方双腿；我方压后脑和控制背后，尽量将对方后拖至平爬，然后迅速转身接拿背、拿背裸绞。

图4-12a

图4-12b

图4-12c

图4-12d

远距防反 – 打击： 撤前腿膝击 + 倒垃圾投

技术详解（图 4–13a ～ d）：当对手下潜抱摔时，我方左脚在前，呈格斗架势，在控制距离的情况下，以右脚为轴，后撤左腿并左转 90 度，将被抱概率更高的前腿躲闪开；同时我方双手压住对方后脑——形成躬身 L 形站位。然后接压头 L 形站位左腿膝击；接下来我方左手抓对方头后侧下推，右手深深掏入其裆下（使右肘窝卡住对方裆），左手下压对方头，右臂向左侧勾翻对方身体，使其前扑——形成倒垃圾投。最后拿背击打或控制。

图4-13a

图4-13b

图4-13c

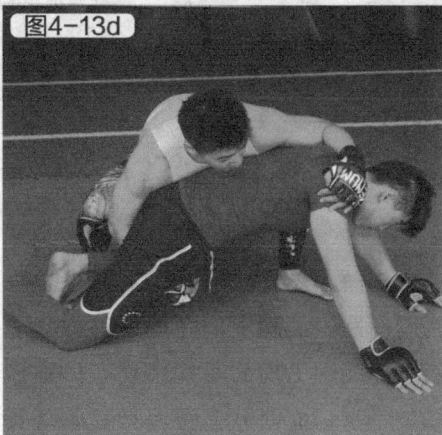

图4-13d

4.2.2 抱单腿摔的防御

对方抱单腿摔，以抱我方左腿为例，防御方法如下。

撤步后蹬压制法

技术详解（图4-14a～b）：我方右腿后撤步，左腿用力向下踩，同时双手尽量控制对方的头部。若左脚踩实地面，可以对对方进行肘击。

> **提示** 本方法对使用者的腿部力量（尤其是骨骼肌群力量）、重心控制能力要求很高，腿部力量差或重心控制能力差者不容易完成此种方式的防反。

图4-14a

图4-14b

坐地法 + 反三角扣 + 三角绞法

技术详解（图4-15a～e）：我方舍身坐地，两腿前蹬，两腿上肩，缠住对方脖子并夹对方右臂。腿部上肩后可能出现右小腿横于对方颈后的情况，此时我方可以把右脚踝塞到左腿腘窝后，形成三角扣；双手拉对方右臂，将其右臂拉直，形成三角绞，我方在下位对其进行肘击与拳击。

图4-15a

图4-15b

图4-15c

图4-15d

图4-15e

4.2.3 背侧抱摔的防反技术链

力学共同体: 勾缠腿

技术详解（图 4-16）：若对方站立，从背后抱住我方并用双手在我方腰前搭扣，需防止对方进行过桥摔或举起砸摔；我方应立即从后向前缠住对方最靠近我方腿的腘窝；此时，双方形成力学共同体。若对方采用过桥摔或举起砸摔，则对方将无法将我方拉起；即使倒地，也有更大概率使我方压在对方身上。

缠住对方一条腿后，我方前躬身并滚翻，对这条腿进行膝十字固攻击。详见下文。

图4-16

降重心：前跳步转身

技术详解（图4-17a ～ d）：若对方站立，从背后抱住我方并用双手在我方腰前搭扣，我方用力上跳，两腿前蹬，使重心前移并舍身坐地；同时借助地面摩擦力收右腿，转身抓住对方，利用身体的地面扭转打开对方的扣握，形成双方面对面的角力位。

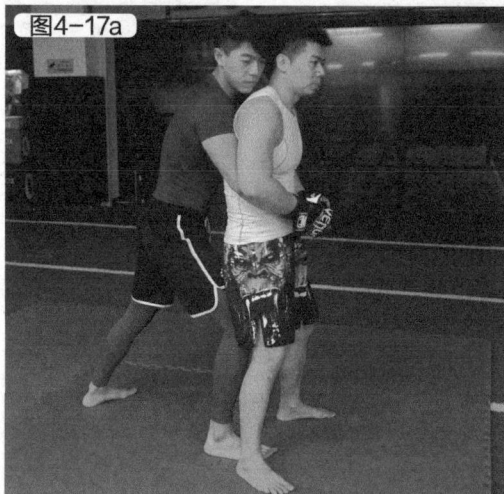

图4-17a

图4-17b

图4-17c

图4-17d

4.2.4 背负投的防反

侧上步掏裆倒垃圾投

技术详解（图4-18a ～ b）：对方上步拉我方右臂进行拉臂背负投，在未成型时我方应右上转步，尽量将身体移至对方右侧，使双方形成T形站位；同时我方左臂从后掏入对方裆下并向上提，右臂下压对方肩部，完成倒垃圾投并致使对方前扑；接拿背打击或拿背裸绞。

图4-18a

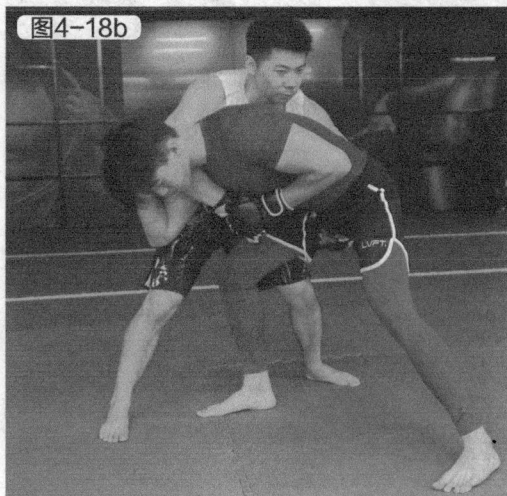

图4-18b

应对夹颈背负投：L 形站位转 + 抄腿侧倒砸摔

技术详解（图 4-19a～d）：对方上步拉我方右臂，对方右臂缠我方脖颈，欲使用夹颈背负投；在对方技术未成型时，我方右上转步，尽量将身体移至对方右侧，形成双方T形站位；对方仍夹着我方脖颈，但颈部在对方面前冠状面且平行于地面；我方尽量降低重心，右手向上托对方右腿腘窝，将其右腿举起，同时左手推其颈前，两手共同逆时针翻转对方，同时蹬地挺身，将对方举起并重重向地面舍身砸摔；转地面骑乘位压制攻击。

图4-19a

图4-19b

图4-19c

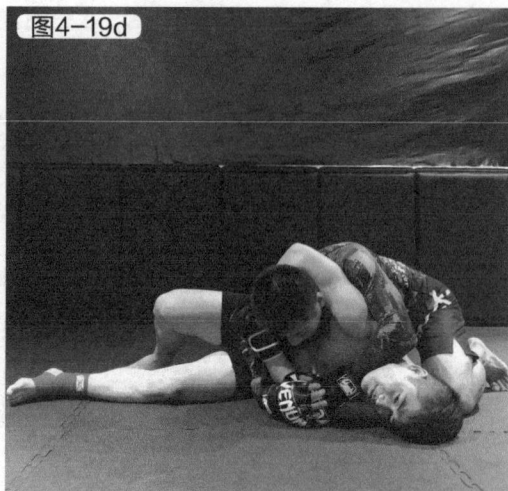

图4-19d

4.2.5 接腿摔的防反

被接腿绊摔后的十字固防反法：针对非抱腿手臂

技术详解（图4-20a～e）：我方左扫腿攻击，被对方右臂接腿；对方成功进行左手前推、左脚后绊的绊摔并将我方拖至地面；我方双臂抱住对方前推的左臂，对方绊摔的同时（或者我方倒地的同时），我方右腿上肩过头，右小腿勾住对方右颈；此时我方头顶地，两手抱住对方左臂并拉直对方左肘，右腿勾头，向上挺髋——形成下位十字固。若下位十字固未能降服对手，迅速地面转身变成下位反身（俯卧）十字固，加深对其右肘关节的伤害。

图4-20a

图4-20b

图4-20c

图4-20d

图4-20e

> **提示**
> 被接腿后，马上抱对方非抱腿手臂。
> 被接腿后的十字固防反法类似于使用一次舍身十字固。

被勾踢摔后的下位防反

（1）形成拉臂防守位：我方左腿正蹬，对方接腿并对我方进行勾踢摔（右腿前勾踢，右手后拉颈前），我方未摔倒时，双手抱住对方右臂，倒地时身体逆时针旋转，形成拉对方右臂的蝴蝶式防守或封闭式防守。再接其他防反技术。

（2）舍身十字固防反：我方在未摔倒时，双手抱住对方右臂并尽量将对方手臂拉近我方中轴线，拉臂舍身，将对方拖入地面，倒地时身体沿垂直轴翻转且左腿上肩过头，左小腿后侧勾住其脸部；此时，我方头顶地，两手抱住对方右臂并拉直对方右肘，左腿勾头向上挺髋——形成下位俯卧十字固，将对方降服。

4.3 地面对站立的防反

4.3.1 踢击的防反

目前大部分 MMA 赛事不允许足球踢和踩踏，但有些赛事允许各种站立对地面、地面对站立的踢击。为了应对不同 MMA 赛事，本书将介绍站立对地面踢击、地面对站立踢击的训练方法。

地面防守架势对位训练

技术详解：我方和搭档训练，我方仰卧于地，呈倒地后的防御架势，搭档在我方脚前站立；搭档欲进行俯身攻击，因此试图绕过我方防御腿；搭档绕着我方转圈，我方仰卧后不断转动身体，使其无法完成俯身骑乘动作；即我方始终面对搭档，使其无法绕到我方侧翼；而搭档尽量绕转，以占据我方身体侧翼的有利位置。

听到教练口令后，我方迅速站起，搭档仰卧，换位训练。

进阶训练 1：防御对位训练中的连续踹腿训练

在地面对站立的防御对位训练中，倒地者地面踹击搭档手持的胸靶，搭档绕倒地者旋转，倒地者用地面踹腿进行攻击。

进阶训练 2：防御对位训练 + 地面踹击 + 快速站立

在训练 1 的基础上，进行强有力的地面踹腿。使双方距离拉大后，接快速站立技术，回归站立格斗架势。

抱腿勾踹绊摔 + 足跟勾

技术详解（图 4-21a ～ e）：我方倒于地上，面对对方正面；对方用右脚踩踏我方胸部或脸部，我方接抱住其右脚，并牢牢按在我方胸部；然后向右侧身，右脚从内勾住对方左脚跟并向回拉，同时左脚向外踹击对方左腿膝关节前部或内侧，利用对对方膝关节韧带的压力，有一定概率将对方勾踹倒地。

两腿上盘并缠住对方右腿，将其右脚别入我方右腋下夹紧，右前臂勾住对方脚跟，左手扣握，身体逆时针旋拧其脚跟——形成异侧足跟勾，即可将对方降服。我方也可以加成身体地面扭转，以增加攻击威力。

图4-21a

图4-21b

图4-21c

图4-21d

图4-21e

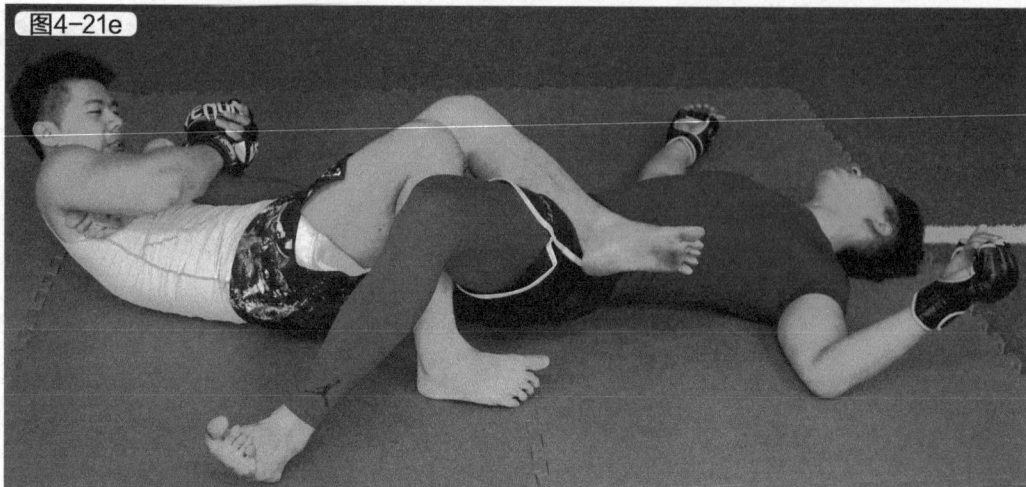

4.3.2 舍身拳的防反

地面防守架势蹬开

技术详解：我方仰卧，对方舍身拳由站立直接攻击我方面部；我方蹬踹对方腹部将其蹬开。若下位者身高腿长，也可以直接蹬踹对方下颌将其蹬开。

抱臂下位十字固

技术详解：我方仰卧，对方舍身拳由站立直接攻击我方面部；我方护头并扭动上半身躲闪，对方舍身直拳打到我方手臂或被我方躲闪后，我方迅速抱紧对方直拳的手臂用力回拉，接下位十字固降服。

4.4 地面劣势位的防反

4.4.1 跪骑下位防反

预备技术——跪骑下位封闭式防守技术：跪骑位和封闭式防守位是不同角度的类似体位。从上位砸拳者的角度说，上位砸拳者双腿跪在下位者两腿之间，故称跪骑位；从下位防守方的角度说，下位者双腿夹住对方腰部并在其后腰处交叉，用力向上挺身蹬举，试图控制双方距离，故称下位封闭式防守位。

图4-22

封闭式防守补充技术——腰部锁（图 4-22）：当封闭式防守完成时，我方两臂抱住自己两腿腘窝且两手内扣，两腿、两手用力内夹对方腰部，形成腰部锁。其有一定降服概率，但成功率较低。

> 提示　此方法可双手下拉对方双臂，使对方双手扶地，以加强发力效果。此方法对腰粗的对手效果较差。

翻转法

（1）单肩起桥翻转法

技术详解

单肩转身起桥摸地：仰卧起桥后转身，如起桥后右转身，右肩着地，左手摸右边的地面，即左手掌心触地。左右交替进行训练。

被骑乘后的翻转与攻击：对方跪骑位在我方身上，我方左手下拉对方右臂，右手推其左腰并用力向左翻滚，直到压住对方，成骑乘上位。

> 提示　本技术成功率较低，对使用者地面体能模式位核心力量要求很高，只有进行地面体能模式位核心力量训练才能提高成功率。

（2）扫蹬翻转法

技术详解（图 4-23a～d）：对方为跪骑位上位，我方在下位（开放式防守），我方左手拉对方右臂，右手推其身体左侧，左脚回收并直蹬其右膝，用力向后蹬踹，将其右腿蹬直，同时腰部逆时针发力，完成拉臂扫蹬翻转并骑乘对方。上述为向左翻转；练习者可以进行向右翻转的训练迁移。

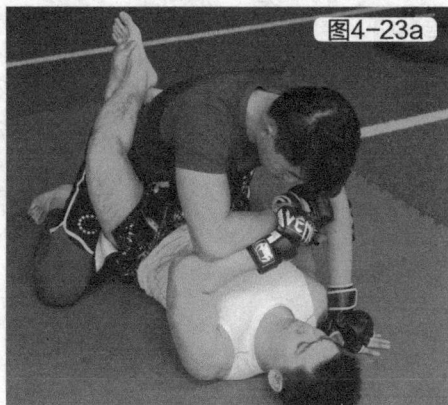

图4-23a

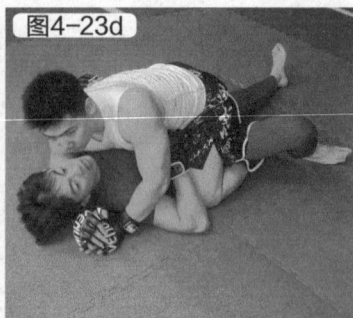

图4-23b

图4-23c

图4-23d

（3）蝴蝶翻转法

蝴蝶式防守（图4-24a～d）：双脚勾在对方大腿内侧，膝盖打开的一种防守姿势，我方为坐姿或卧姿。

对方为跪骑位，我方收双腿，双脚插入对方裆下并勾在其大腿内侧；我方两腿屈腿上蹬，两手回拉对方双腕，使其被俯卧位挑起；我方逆时针翻转，由下位转换成骑乘上位。

图4-24a

图4-24b

图4-24c

图4-24d

（4）腿锁颈椎锁法（图 4-25a ～ d）

腿锁控制拉近：对方对我方成跪骑位，我方双腿由外向内缠住对方腿，脚腕从内向外缠住其脚腕；双手后拉对方双手，双腿向下蹬踹，对其膝关节产生反关节作用，迫使对方身体靠近我方身体，为下一步翻转做好准备。

鼻推颈椎锁翻转：拉近对方后，左手绕到对方脑后并抓住对方左侧头，右手推对方鼻子右侧，两手逆时针旋转对方颈椎；同时我方腰部逆时针发力旋转，形成合力，将对方翻转成下位，然后接骑乘上位攻击。

> **提示**　本技术中鼻推颈椎锁由战术格斗中迁移过来，在一些 MMA 赛事中被视为犯规动作，请使用者根据赛事规则而定。

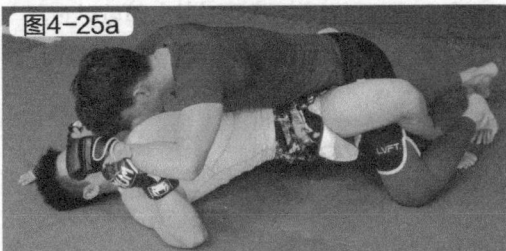
图4-25a

图4-25b

图4-25c

图4-25d

下位关节技法

（1）下位外侧臂锁（木村锁）

对方出右摆拳攻击我方，我方突然起身，左手尺骨棱处向上格挡对方右腕，并出下位右直拳攻击对方下颌；我方借起身之力顺势左手抓对方右腕，右手抓其右肩。我方继续向左前方起身并左转，右手向后拉拽对方右肩，使其尽可能靠近我方身体；拉拽过程中，我方突然左手前推对方右臂，右手从其右上臂内侧掏过并抓住我方左手手腕——形成外侧臂锁。

我方身体顺势针旋转大于 90 度，用力扳折对方右臂。同时，我方实现下位翻转并背折敌右手臂，最终降服对方。

使用本技术时尽量满足封闭式防守的腿位，或用右腿挡住对方左侧身躯，防止其逃脱。

（2）下位十字固

技术详解：当对方跪骑位、我方进攻时，我方先找机会双手拉住对方左臂；我方逆时针在地上转动 90 度，左腿屈膝外伸至左腿与对方上身异面垂直，右腿上抬至对方左肋部；我方右手向左推对方左脸，左手抓其右手并用力按在我方胸部；两腿用力上抬，左腿勾住对方左颈，右腿压住对方右肋，并用力下压其身体至其躺倒；同时，我方伸左前臂，勾住对方右肘肘窝，最终完成十字固动作。

提
示 当已完成十字固动作，而对方未躺倒时，向上挺髋和双手下压同时发力即可对对方右肘关节造成伤害。如果对方力量很大，我方两腿下压对方颈部但无法压下对方身体时，可以利用下文中的下位反身十字固实施攻击。

（3）下位反身十字固

技术详解：下位十字固无法压下对手时的补救为反身十字固。

当我方使用十字固拉对方右臂，左腿勾其脖颈下压，但对方颈部有力，我方无法完成下压其脖颈时，我方为仰卧位，我方顺势双手抓对方右臂，转身，使其右臂从我方两腿之间向我方头侧伸出，极力向上挺髋，将腹部（或大腿内侧）作为支点扳折对方右臂，即可拉断其肘关节。

（4）下位小腿切片机

技术详解：对方跪骑位，我方下位封闭式防守；我方双手握在一起，抬双肘挡于脸前，身体不停地左右摇闪，以躲开对方拳头攻击，左小腿别于对方右腿腘窝处；当对方身体左转，出右拳攻击时，我方左摇闪躲开攻击，左腕外侧棱处自左向右滚推式格挡对方右拳并顺势抓住其手腕；我方突然挺身坐起，伸右手扒住对方后脑或右肩向后猛拉；然后我方双手抱住对方右脚踝或脚面，用力向我方肩部方向拉，即可将对方制服。

提
示 运用小腿切片机技术时，我方左小腿胫骨发挥杠杆作用，需要切住对方的小腿肚，并贴紧对方右腿腘窝。

（5）下位腿式外侧臂锁

技术详解：我方为封闭式防守位，直接用双手抓对方右臂，右腿勾其脖颈下压；此时，我方身体顺时针旋转，左腿向上，身体在对方右侧，双方身体呈垂直位；此时，我方顺势用左腿腘窝缠住对方右臂肘窝，身体继续顺时针旋转 90 度并尽量使我方呈坐位，双方头部朝同一方向，对方为俯卧，我为坐姿；我方双手抓对方右腕，左腿绞住其右臂，利用我方腰腿的力量很容易锁住其右臂于体后——完成腿法臂锁。

4.4.2 骑乘下位防反

如果说地面下位封闭式防守是擅长 MMA 地面技选手给上位者的陷阱，那么，地面骑乘位下位便是下位者的噩梦、上位砸拳者的天堂。因为处于骑乘下位的直接反击方式少，更多的是谋求各种逃脱和翻转技术。

提前防御：抬腿防过腿

图4-26

技术详解（图 4-26）：我方仰卧，对方在我方身体侧面上位，我方屈膝抬腿以挡住对方欲跨骑我方腹部的那条腿，防止对方骑乘，并伺机收腿，转封闭式防守。

> **提示** 抬腿防对方过腿只是短时的过渡策略，无法维持长久，主要是为身体转成封闭式防守或推对方抽腿站立创造条件。

提前防御：屈髋旋转 - 封闭式防守法

图4-27

技术详解（图 4-27）：我方仰卧，对方在我方身体左侧面上位，我方屈膝抬腿以挡住对方欲跨骑我方腹部的那条腿，防止对方骑乘；然后突然快速收左腿，身体在地面逆时针旋转，两腿缠住对方腰后，完成封闭式防守。

提前防御：半封闭防守法

图4-28

技术详解（图 4-28）：我方仰卧，对方在我方身体右侧面上位，我方屈膝抬腿，挡住对方欲跨骑我方腹部的那条腿，防止对方骑乘。若我方无法完成封闭式防守，至少收右腿缠住对方右腿腘窝，右腿在左腿腘窝处打三角扣——形成半封闭式防守，然后伺机进行其他防反。

虾行, 回归蝴蝶防守位

蝴蝶式防守（图4-29a～d）

对方完成骑乘位，我方右手手指向上抓对方左腕，左手手指向右抓我方右腕，双手用力将对方右手压到其左大腿前内侧。

我方双手向右前推，身体右翻90度，臀部向左顶——完成一次右推虾行。利用虾行打开对方左腿下的一定空间，借机收右腿，用右胫骨顶住对方腹股沟，逃出右膝。

我方身体左翻90度，两手左前推对方身体并用右胫骨外顶对方大腿内侧，同时将臀部向右顶——完成一次左推虾行。利用虾行打开对方右腿下的一定空间，借机收左腿，用左胫骨顶住对方腹股沟，逃出左膝。

我方双手抓住对方双腕，形成蝴蝶式防守，接蝴蝶式防守后的各种防反技术链。

图4-29a

图4-29b

图4-29c

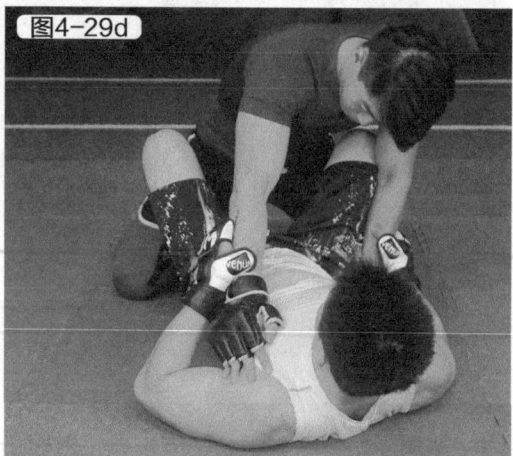

图4-29d

4.4.3 骑乘上位应对对方下位翻转的防反

应对对方冠状面翻转的防反: 预留空间随动

技术详解：若对方采用单肩起桥翻转法，我方松开夹紧对方身体的双腿，给足对方在我方身下翻转的空间，让对方自行翻转，我方随动保持骑乘位；待对方翻转成功，我方直接转拿背裸绞。

应对推击抽腿法的防反: 打手－俯卧－向前坐

技术详解：我方为骑乘位，对方推我方上半身并试图抽腿站立。我方用尺骨格挡对方肘窝，打掉其推击的手臂，向上推对方脸并向前舍身俯卧压制，我方挪向对方胸部位骑乘。

4.4.4 蝴蝶式防守坐起后的防反

蝴蝶式防守坐起, 收单腿翻转（向收腿的方向转）

技术详解：我方呈蝴蝶式防守，拉对方双臂坐起；右脚背紧贴对方左大腿内侧，收左腿成盘腿状；同时左手回拉对方右臂，右手推其左身侧，两手形成合力逆时针翻转，即可将对方翻转成俯卧，同时我方收左腿成四方位压制对方。

图4-30a

蝴蝶式防守对站立的拉双腿摔

蝴蝶式防守（图4-30a～b）：我方仰卧呈蝴蝶式防守，对方站立位，我方双脚插入对方两腿之间，胫骨顶住其大腿内侧（或膝关节内侧），两脚背勾挂其大腿后侧；我方双手抓对方脚踝后侧后拉，两腿胫骨向前顶其大腿上部，即可使其向后仰倒；我方迅速前扑，过腿压制（或主动骑对方一条腿并用三角扣扣死对方被骑的腿，在对方半封闭式防守过程中上位砸击），避免进行对方封闭式防守位的压制。

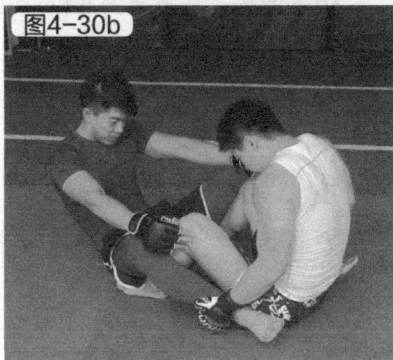

图4-30b

4.4.5 横四方位下位防反

木村锁法

技术详解（图4-31a～c）：对方呈四方位压制，以对方在我方右侧为例，我方双手抓对方左臂向外推，右手抓其左腕，左手从其左上臂外侧腋下掏入，抓我右腕，形成木村锁；我方逆时针旋拧其左臂。本技术有一定的降服概率。

图4-31a

图4-31b

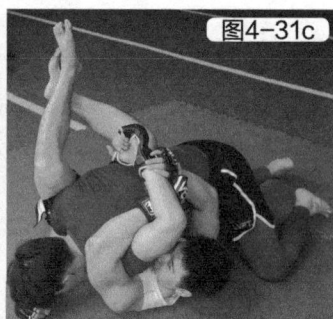
图4-31c

旋转回半封闭防守

技术详解：对方四方位压制，以对方在我方右侧为例。我方迅速将身体在地面上顺时针旋转，右腿尽量勾对方右腿，在对方右腿上打腿部三角扣——形成半封闭防守；如果可以，更好的方式是我方旋转成两腿夹住对方腰部的全封闭式防守。

4.4.6 南北下位防反

旋转成横四方位下位

技术详解：双方呈南北位，我方在下位，旋转成地面四方位，接地面四方位下位的逃脱或防反技术链。

后滚翻法

技术详解（图4-32a～d）：双方呈南北位，我方在下位，我方双脚扒地，向我方脚的方向蠕动一次，仰卧举腿后滚翻，有一定概率可以直接拿背对方。

图4-32a

图4-32b

图4-32c

图4-32d

4.4.7 袈裟固下位防反

翻身下压法

翻身下压法即贴敌背拉要害 + 大角度开位鼻推滚身下压敌头法。

技术详解：对手袈裟固位控制我方（以右侧压制为例），我方先收腿，紧贴对手后背，接鼻推（或下颌内角颈侧推），推开对方头，然后迅速将躯干与双腿远离对手身体，在地面转动。当双方角度大于 120 度时，直接上翻，即可压制对方。

半三角绞式翻身法

半三角绞式翻身法即地面侧身大角度开位鼻推半三角绞式翻身法。

技术详解：对方袈裟固位控制我方（以右侧压制为例），我方地面侧身大角度开位鼻推半三角绞式翻身法。

4.4.8 对封闭式防守的逃脱

提前防御：打击过腿法

技术详解：对方开放式防守还未形成搭扣的封闭式防守时，我方进行砸拳重击或砸肘重击对方太阳神经丛，搬开对方一条腿，从面前甩过；接前扑骑乘或四方位压制。

若运动员前冲，试图砸拳攻击对方的面部，身体前倾过大，很容易被对方封闭式防守；重心靠后能产生击打效果的部位是太阳神经丛，但打击太阳神经丛造成膈肌痉挛是个概率问题。我方需要增加打击力量训练和精准度训练，以提高太阳神经丛击打成功率。

开放式防守转半封闭式防守

技术详解：对方开放式防守还未形成搭扣的封闭式防守时，我方快速击打其太阳神经丛，抬起我方那条后压对方的腿，骑腿后迅速在其腿后搭成三角扣；控制对方一条腿的骑乘位，好处在于对方封闭式防守可以使用的十字固、三角绞等技术无法发挥，而我方控制住对方一条腿后可以肆意进行砸拳或砸肘攻击。

4.4.9 对浮固的防御防守的逃脱

浮固经常作为 MMA 选手的一种过渡压制位，浮固位可以砸拳击打，可以为骑乘位创造机会，也可以接上步转身对侧位肘十字固。但相对于骑乘位，浮固位的逃脱概率较高，因此在对方使用浮固位击打时，我方首先考虑的是逃脱浮固压制，防止对方转骑乘位。

虾行法转对位（图 4-33a ～ c）：对方右膝压制我方胸腹部，对我方进行浮固控制，我方左脚踏地，右翻身，双手猛力推其双腿，猛力向左屈髋，完成一次快速右虾行，摆脱对方膝盖压制；快速在地面顺时针转动，双脚对准对方，找机会进行封闭式防守；或虾行后直接推对方身体，撤右步，回归站立位。

图4-33a

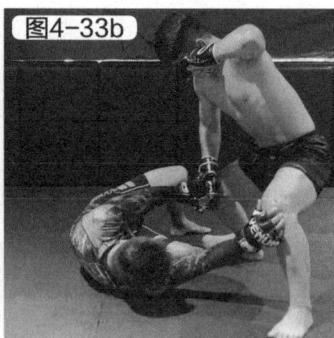
图4-33b

图4-33c

4.5 地面关节技的主动防御

本节是针对 MMA 地面关节技的主动技术型防御及防守反击方法；在进行本节内容

的训练前，请复习第三章中应对关节技的防御原则。

所有关节技的防御，首选是关节技成型前的防御，其次才是关节技成型后的被动防御；MMA选手要熟悉所有关节技的发生体位与预备动作。当对方达成了某个体位，自身要提前做好防御对方相关关节技的准备，对方一上手就要进行该关节技的防御与反击。

4.5.1 上位十字固防御

（1）未成型时提前防御：推腿仰卧起坐转体法

技术详解（图4-34a～c）：对方使用十字固锁握右臂，当对方左腿将要压住我方头部时，我方迅速上抬左手，向上向后推开其将要压在我方脖颈或脸部的左腿；借助双脚踏地产生的反作用力，使用MMA专项体能训练中的仰卧起坐转体90度跪起技术，使我方跪骑于对方两腿之间。接砸拳或肘击。

> **提示**　本技术的关键在于出其不意，在对方技术尚未成型时使用。防止形成我方跪骑位上位时，对方继续使用下位十字固。我方回归跪骑位后，要马上施以扣握双手援护，或进行左拳重击，抽开被对方抓紧的右臂。

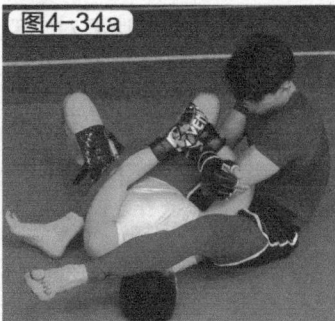

图4-34a

图4-34b

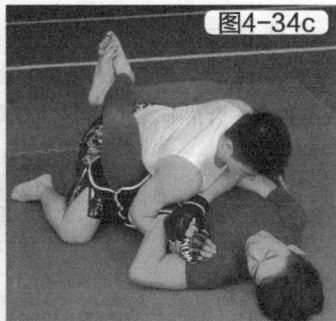

图4-34c

（2）手臂闭合回路原则：拳拉法或扣握法

技术详解（图4-35）：当对方对我方进行十字固时（以我方右臂被十字固为例），我方迅速右手握拳，右手腕内旋，使拳心向前以减少对方双手与我方右手腕的接触面积；伸左手，从内侧（手背侧）抓住我方右拳拳捶处，两手共同发力向左拉，直到右臂逃出对方双手的纠缠。

图4-35

> **提示**　也可以双手扣握法进行防御。

补充：闭合回路防守的防反

*a. 推指法（图 4-36a ～ c）：如果遇到对方双手救援防御，即当我方向下扳折对方左臂时，对方伸右臂抓住其左腕或左拳，双手向我方扳折反方向回拉，我方先用左臂肘弯勾住对方左肘窝，再用右手掌跟推对方右手一根或几根手指的手指尖，迫使对方松开救援手。当对方右手因疼痛而松手时，立即双手回拉，完成十字固动作，以免被对方

图4-36a

图4-36b

图4-36c

再次防御。

b. 蹬踩法（图 4-37a ～ b）：我方使用上位十字固锁对方左臂时，如果遇到对方双手救援防御，即当我方向下扳折对方左臂时，对方伸右臂抓住其左腕或左拳，双手向我方扳折反方向回拉，我方伸右脚向前蹬踩对方右臂肘窝，两肘勾住对方左肘，使我方向

图4-37a

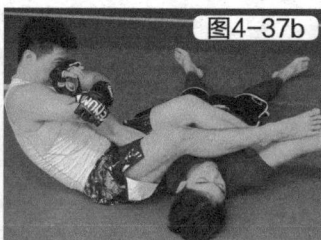
图4-37b

图4-38a

前蹬踩的力量、两肘向后拉拽的力量以及我方舍身后倒的力量形成合力，即可破解对方的防御。

*c. 脚踵磕击法（图 4-38a ～ b）：我方锁对方左臂，在十字固双臂争夺战中，我方用右脚跟直接下砸对方脸部，迫使对方防御松懈，我方顺利完成十字固。

d. 专项力量才是关键：我方做好了十字固把位，对方做好了双手扣握闭合回路十字固防御把位，我方将和对方进行"手臂争夺战"，此时哪一方的角力力

图4-38b

量更大，哪一方将占据优势。有着优秀MMA专项力量能力的选手将有更大概率完成该技术。

（3）扣握－翻转－逃肘法

技术详解：当对方对我方进行十字固时（以我方右臂被十字固为例）；我方双手扣握形成手臂闭合回

> **提示** 本方法只适用于核心扭转力量极大的选手，否则逃脱概率有限。

路防御，同时用力向右翻滚，收右腿撤步并用力撤右肘，使右肘从对方裆下滑出。

（4）扣握－南北扭转－蹬踏逃肘法

技术详解（图4-39a～e）：当对方对我方进行十字固时（以我方右臂被十字固为例）；我方双手扣握，形成手臂闭合回路防御，同时我方在地面顺时针旋转近90度，用左腿去勾对方的头或手臂，尽可能使我方与对方形成头对脚的南北位；我方蹬踏对方的手臂并向后抽被锁的右臂，以使右肘退出对方裆部；退出手肘后，可以跨骑对方一条腿的大腿前侧，接膝十字固或屈踝锁。

图4-39a

图4-39b

图4-39c

图4-39d

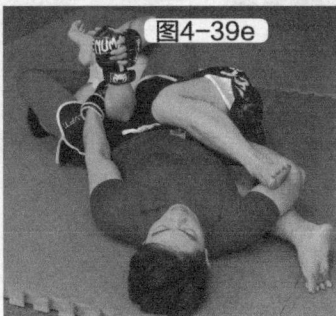
图4-39e

（5）扣握－南北扭转－地面膝踢法

当对方对我方进行十字固时（以我方右臂被十字固为例）；我方双手扣握，形成手臂闭合回路防御，同时我方在地面顺时针旋转近90度，左腿勾对方头或手臂，尽可能使我方与对方形成头对脚的南北位；如果我方撤不出手肘，可以直接进行地面膝，砸压对方面部或蹬踹对方面部。

> **提示** 地面膝或蹬踹是否合规取决于当时赛事规则。

4.5.2 外侧臂锁主动防御

闭合回路原则

技术详解（图4-40a～b）：当对方对我方使用外侧臂锁（包括各种形式的木村锁或者美式锁肩）时，我方扣握被对方锁住手臂的手掌，形成闭合回路，即可起到防御效果；或我方手臂抓住我方腘窝，形成手臂、腿、躯干闭合回路，也有一定的防御功能。

图4-40a

图4-40b

后滚翻法

对方对我方进行美式锁肩，我方举腿后滚翻，即可转下位为上位压制。

4.5.3 腿部锁技主动防御

闭合回路原则

当对方有潜在拿腿的机会时，我方要提前搭扣两脚，形成腿部闭合回路，同时对对方的腿脚实施关节技，或快速转身，逃离对方的拿腿位。

针对足跟勾：蹬踩翻转法

针对对方的足跟勾，要在对方未成型时进行防守，即对方刚用腋下夹住我方前脚掌时，我方就用另一条腿蹬踹并抽拔被夹住的腿，或边翻转边蹬踹、抽拔被夹住的腿。

4.6 地面绞技的主动防御

本节是针对 MMA 绞技的主动技术型防御以及防反方法。在进行本节的训练前，请复习第三章中应对绞技的防御原则。

所有绞技的防御，首选是绞技成型前防御，其次才是绞技成型后的被动防御。因此，MMA 选手要熟悉所有绞技的发生体位、预备动作。当对方达成了某个体位，要提前做好防御对方相关绞技的准备，对方一上手就要进行该绞技的防反。

4.6.1 断头台主动防御

臂颈同在

技术详解（图 4-41）：下潜抱摔时，要尽量手臂前伸并靠近头部；如果对方使用断头台，我方保持一只手臂和颈部被对方绞住的夹臂断头台，对方绞技的成功率就会大大下降。

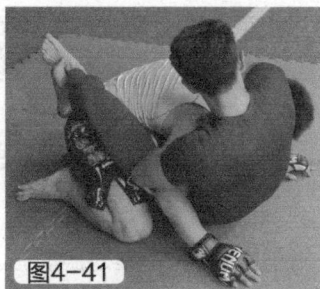
图4-41

4.6.2 裸绞主动防御

颈臂同在

技术详解（图 4-42）：地面位，对方进入拿背位；对方使用裸绞前，我方举一只前臂挡在颈侧进行防御。

图4-42

抱臂法

技术详解（图 4-43）：对方使用裸绞前，当一只手臂过颈前，我方抓这只手并下拉；对方换一只手过颈前，我方用另一只手下拉其手，并将对方双手牢牢控制在身前。

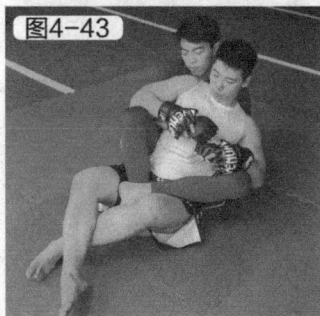
图4-43

> **提示** 对方只要手臂试图过颈，我方就率先拉这只手臂（或手腕）进行防御，也就是裸绞成型前的防御；要控制对方裸绞的主力手臂，而不是未搭扣的助力手臂。如果可以下拉对方手指，抱臂防御的成功率更高。

4.6.3 手臂三角绞主动防御

手臂三角绞主动防御技术

手臂三角绞成型需要被施加方的一只手臂水平内收并贴压颈部，以使这只手臂丧失外展的力量；在防御手臂三角绞时，对方只要有手臂三角绞的意图，在手臂过颈之前，我方要快速用外顶肘攻击对方（或用外顶肘的姿势打破自身上臂内收的状态），拉开距离并快速进行体位转换，破坏对方手臂三角绞的体位。

4.6.4 三角绞主动防御技术

提前防御：避免对方全封闭式防守

在跪骑位时，不要停留在对方两腿之间，给其创造使用三角绞的机会。在对方开放式防守阶段，尽量过腿，形成半封闭式防守或四方位压制。

图4-44a

插双臂法

技术详解（图4-44a～d）：当我方在跪骑位上位时，对方两手抓我方一只胳膊并用两腿勾我方脖子，三角绞尚未成型；在对方腿没有合拢之前，我方将另一只手臂快速插入对方两腿之间。完成防御，再寻找机会继续摆脱。

图4-44b

图4-44c

图4-44d

提示　**注意事项**：插双臂后也可以拉起对方，一条腿上转步到对方头侧，进行踩踏或地面膝攻击对方面部，具体视比赛规则而定。

第5章

MMA的
技术风格 与借助笼边的
攻击技术

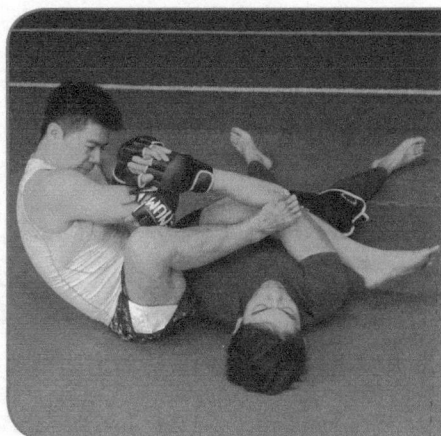

技术风格

借助笼边的攻击技术

5.1 技术风格

5.1.1 站立打击系风格

所谓站立打击系风格是指能够经常以站立的拳腿膝肘攻击 KO 或 TKO 对方，辅以少量地面打击技攻击的选手。这部分选手多以拳击、泰拳、散打、踢拳、空手道的站立打击技为主要擅长技术。 MMA 的选手多样，站立打击系选手需要在站立打击技娴熟的同时融入防摔技术，形成"站立打击技＋防摔技术"的风格。

拳法要求：尽量避免己方失去重心的前冲直拳，防止对方下潜抱摔并通过重心在后的拳法为防摔赢得空间。加强边后退边重拳的训练，既能有效抑制横冲猛打型打击系选手，又能为有效防摔赢得空间。

腿法要求：若我方比对方高，尽量用高扫腿踢对方头颈；若我方比对方矮，则尽量用低扫腿攻击对方小腿或膝，以防止对方接腿摔。

膝法要求：箍颈膝击结合向后拉向后撤步，防止对方利用笼网进行缠斗。如果近身站立缠斗膝法失灵，立即换肘法攻击。

肘法要求：近身站立缠斗，同一种肘法除非有效击中对方，否则不要连续使用两次，而要马上变招。

KO 后追打要求：如果我方用站立打击技有效击中对方，使对方倒地，只要规则允许，我方首选的追加攻击是踩踏和足球踢；若规则不允许，我方再选择地面优势位的砸拳或降服。

站立打击系选手在加强防摔训练的同时，也要增加打击技的击打力和准确度。击打力是保证 KO 的基础，准确度是有效 KO 的保证。

站立打击系风格选手的体能特点：速度力量爆发力突出，躲闪格挡应激能力强，动作速度快，速度力量爆发力型耐力强，站立平衡能力强。

5.1.2 摔跤砸拳系风格

所谓摔跤砸拳系风格是指能够经常以摔投接地面砸拳 TKO 对手的选手。这部分选手多以柔道、桑搏、自由式摔跤、中国式摔跤等摔投技为主要擅长技术。MMA 的选手多样，摔跤砸拳系选手需要在摔投技娴熟的同时融入拳法、防腿技术等，形成"摔投技 + 拳法 + 防腿"的风格。

拳法要求：可以加入大量的前冲直拳，即使打不到对手也可以产生近身效果，为使用自身擅长的摔投技创造机会。加强边前进边重拳的训练，使自身变成横冲猛打型选手，用前冲拳法为有效的摔投技赢得近身空间。

良好的拳法也是应对打击系选手形成拳对拳"同态防御"的有效手段。

需要有意识地增加地面砸拳的打击力训练，详见《MMA 综合格斗体能训练全书（全彩图解版）》；提高地面砸拳 KO 的概率，并利用大力砸拳破坏对方地面柔术防御的布置。

腿法要求：至少掌握一般腿法的攻击，尤其是低扫腿。加强对高扫腿的格挡、躲闪与防反训练，加强对低扫腿的破坏式格挡训练，加强对对方所有腿法的接腿摔训练。

膝法要求：箍颈膝击结合向后拉向后撤步，到笼边后尽可能抱腿放倒对手，加强防御箍颈膝击的破坏式格挡以及应对膝法的接腿摔训练。

肘法要求：肘法可以作为摔投系选手的强化项目，近身站立缠斗，使用肘法后立即接抱摔。

摔法要求：尽量使用各种举起砸摔，以增加一摔就 KO 的概率。

摔投后追打要求：将对方摔投后首先抢占优势位置进行大力砸击。

必须学习针对各种地面锁技与绞技的防守技术，形成"地面砸击 + 防寝技"模式。在保证砸击精准（主要攻击鼻子、下颌、眉弓或太阳神经丛）的同时，时时警惕，不给对方使用绞锁技的可乘之机。

只要规则允许，地面打击的最好方式是地面膝与地面肘。

摔投砸拳系风格选手的体能特点：绝对力量强，力量速度爆发力突出，角力应激能力强，颈部强壮，善于使用体重作为武器，力量速度爆发力型与角力型耐力强，站立平衡、地面平衡能力均强。

5.1.3 摔柔系风格

所谓摔柔系风格是指能够经常以摔倒接地面绞锁技降服或地面控制性打击取胜的选手。这部分选手多以巴西柔术、柔道、桑搏、降服式摔跤、战术摔跤等摔法与地面绞锁技为主要擅长技术。MMA 的选手多样，摔柔系选手需要在摔法与地面绞锁技娴熟的同时融入拳法、防腿技术等，形成"摔柔技 + 拳法 + 防腿"的风格。

拳法要求：可以加入大量的前冲直拳，即使打不到也可以产生近身效果，为尽快将对手拖入地面创造机会。加强边重拳边寻找摔法机会的训练，同时对对方所有的打击技有一套可以接摔柔的训练方法。

良好的拳法也是应对打击系选手形成拳对拳"同态防御"的有效手段。

需要有意识地增加地面砸拳的打击力训练；增加地面砸拳 KO 的概率，并利用大力的砸拳为我方实施绞锁技创造条件。

腿法要求：至少掌握一般腿法的攻击，尤其是低扫腿。加强对高扫腿的格挡、躲闪与防反训练，加强对低扫腿的破坏式格挡训练，加强对对方所有腿法的接腿摔训练。

膝法要求：箍颈膝击结合向后拉向后撤步，到笼边后尽可能抱腿放倒对手。加强防御箍颈膝击的破坏式格挡以及应对膝法的接腿摔训练。

肘法要求：肘法可以作为摔柔系选手的强化项目，近身站立缠斗，使用肘法后立即接抱摔。

摔法要求：尽量使用到地面就可以接地面绞锁技的摔法，加强地面的控制，地面打击与绞锁技结合。

摔倒对方后追打要求：

1. 将对方摔投后，首先抢占优势位置进行大力砸击，同时寻找使用绞锁技的机会。

2. 需要学习针对各种地面锁技与绞技的防守技术，灵活转换各种不同体位的绞锁技并时时注意地面控制。

3. 只要规则允许，地面打击的最好方式是地面膝与地面肘。在进行地面膝和地面肘攻击后，接地面绞锁技。

摔柔系风格选手的体能特点：身体柔韧性好，力量速度爆发力较好，角力应激能力强，关节把位应激与颈部绞技应激能力强，善于使用体重作为武器，力量速度爆发力型与角力型耐力强，地面平衡能力强。

5.1.4 综合型风格

所谓综合型风格是指能够自如使用站立打击技、站立摔投技、地面打击技与地面绞锁技胜出的选手。这部分选手多数把各种流派格斗技术分开训练，再自由组合，形成自身的训练方式。MMA 逐渐趋于专项化，越来越多的选手直接进行 MMA 格斗技术系统训练，这样效率更高，且训练效果可以更直接地反映在 MMA 无道服的赛场上；也有把战术格斗训练作为 MMA 格斗训练方式的，但战术格斗的训练者需要注意删除所有 MMA 中的禁用技，同时还需要进行专项化 MMA 训练整合。

综合型 MMA 运动员已经逐渐成为优秀 MMA 运动员的标志，要求其可以灵活使用打击、摔投、绞锁、防打击、防摔投、防绞锁的各种技术和技术链。

MMA 拳法经验

1. 摆拳打下颌，KO 概率很高，尤其是前手摆拳。这要以摆拳的专项力量够强为前提。

2. 直拳加格挡是防御反击摆拳的一种手段，当直拳打中使用摆拳的对手并使其短暂地无法继续攻击时，可以接我方的摆拳连击对方下颌。

3. 当对方用头侧双手护头来防御我方摆拳连击时，首选勾拳或直拳击打其下颌来破防。

4. 上步对侧直拳有一定概率破防扫腿，注意同侧对扫腿的防护。

5. 前冲直拳容易被下潜抱摔得逞。

6. 使用防摔的拳法时重心不要过多前移或可以边退边出拳。

7. 踢拳式拍挡对方中段扫腿后，立即接直摆连击打进去。

8. 用拳法佯攻吸引对方上段注意力，接下潜抱摔。

9. 摇闪下潜可以防御左直左摆、右直右摆四种拳法，并为下潜抱摔创造机会。

10. 直拳（或前推）打中对方，对方微向后退步，这个距离为起高扫腿攻击头颈部的有效距离。

11. 可将直摆拳打进去接膝击作为承接打击技。

12. MMA 中拳法的实际威力不及肘击。

13. 转身边拳是出奇制胜的好方法，尤其是在摆拳或扫腿抢空时接转身边拳，侧对对方时出其不意使用转身边拳。

14. 一定要进行拳法的专项力量训练，否则拳法 KO 率无法达到理想值。

15. MMA 比赛中，很难通过格挡抓腕技术在对方打来直拳时格挡并抓住对方出拳臂的手腕。

16. 过肩直拳的冲拳可以作为直接进入站立近身战的有效手段，到近身后摆拳连击，后面接更近身的膝肘或抱摔。

17. 需要有意识地增加地面砸拳的打击力训练，提高地面砸拳 KO 的概率，并利用大力的砸拳为我方实施绞锁技创造条件。

18. 对方呈地面俯卧位，我方使用腋下勾拳攻击对方下颌是很好的选择。

19. 加强拳法专项速度力量爆发力训练。

20. 加强拳法躲闪、格挡与防反应激体能素质训练。

21. 加强拳法精准度训练。

MMA 腿法经验

1. 高扫腿攻击对方头颈部有很好的 KO 率，而且不易被接腿。左扫腿的 KO 率更好。

2. 低扫腿攻击膝关节内外侧下部，需要和直拳结合使用，且一定要进行低扫腿专项力量训练，否则直接踢伤职业 MMA 运动员的概率不高。

3. 训练中段扫腿精准度，主要攻击对方两侧肋部，且中段扫腿要和被接腿后的防摔一起练，或被抱单腿后直接在站立位布置倒地的柔术体位。例如被夹抱单腿后主动倒地接十字固，被夹抱单腿后主动倒地接断头台，被举抱单腿后主动倒地接三角绞，被夹抱单腿后主动倒地接膝十字固等。

4. 加强对低扫腿的破坏式格挡训练。

5. 加强对高扫腿躲闪后的快速上步摆拳或快速上步抱摔训练。

6. 转身后蹬腿击腹是一种出其不意、有一定 TKO 效果的攻击。若转身后蹬腿击中，注意快速上步，用连续摆拳攻击或抱摔攻击。

7. 平时训练应对对方转身摆腿的上步冲拳或上步抱摔。

8. 加强腿法专项力量训练与精准度训练。

9. 加强对腿法格挡后的快速衔接反击训练。例如对正蹬扫腿外侧拨腿后的扫腿攻击，对正蹬扫腿拨挡后的拳法反击（拨挡右扫腿，接左直、右摆、左勾或摆拳连击）。

MMA 膝法经验

1. 箍颈膝击结合向后拉向后撤步。

2. 训练拳法与膝法的站立组合。

3. 加强防御箍颈膝击的破坏式格挡以及应对膝法的接腿摔训练。

4. 只要规则允许，地面膝要着重练习。例如四方位地面膝、南北位地面膝、南北位拿背地面膝、挤笼边 L 形站位捋头膝击。

5. 飞膝攻击要和撤步压制防摔一起练。

6. 加强膝法专项力量训练与精准度训练。

MMA 肘法经验

1. 肘法可作为摔柔系选手的强化项目，如近身站立缠斗，肘法后接抱摔。

2. 站立近身首选肘击，例如平击肘、侧顶肘、转身后顶肘。

3. 地面上位砸击首选肘击。注意骑乘位、跪骑位、四方位碾压砸肘的训练；拿背位交叉位砸肘击头侧，封闭式防守位肘击头顶，四方位压制时肘击软肋，倚靠笼边 L 形站位下砸肘击头侧也要经常练。

4. 加强肘法专项力量训练与精准度训练。

MMA 摔法经验

1. 加强对对方所有腿法的接腿摔训练。

2. 使用直接到地面就接地面绞锁技的摔法，加强地面的控制，地面打击与绞锁技结合。

3. 力量型选手多训练砸摔。

4. 多训练打击技和摔投组合。例如两直拳一下潜、低扫腿一下潜、超人拳一下潜等。

5. 应对站立打击型对手，抓到对方舍身摔也是必要的训练科目。

6. 加强摔投技接拿地面优势位的训练。

7. 加强摔法专项力量训练与精准度训练。

MMA 地面绞锁技经验

MMA 绞锁技包括绞技和关节技。

1. 地面绞锁技从站立摔法就开始布置。例如，在训练中，对于外侧臂锁、断头台、架袈固、十字固，从站立就开始布置。

2. 地面绞锁技，多进行转换训练。

3. 地面打击技最好和绞锁技交替使用，以干扰对手的防守策略，让对方摸不到套路，使地面打击技与地面绞锁技互相创造条件。

4. 地面绞锁技与地面各种优势位置控制结合训练。

5. 加强绞锁技专项力量训练。

6. 加强绞锁技关节把位精准度训练与颈部绞技颈动脉、喉部把位精准度训练。

7. 十字固、三角绞、裸绞适用于力量小者对力量大者。

8. 对方手臂形成闭合回路后，我方的手臂关节技通常被防守了。

9. 地面绞锁技需要彼此变换使用才有效果。

10. 踝关节技和膝关节技是防反对方踩踏和足球踢的有效手段。

MMA 摔倒对方后追打经验

1. 将对方摔投后要首先抢占优势位置进行大力砸击，同时寻找使用绞锁技的机会。

2. 需要学习针对各种地面锁技与绞技的防守技术，灵活转换各种不同体位并时时注意地面控制。

3. 只要规则允许，地面打击的最好方式是地面膝与地面肘。地面膝和地面肘攻击后，接地面绞锁技。

4. 加强地面打击技的专项力量。没有地面打击技专项力量，地面打击技甚至连干扰作用都会大打折扣。

综合型风格选手的体能特点：所有 MMA 专项体能素质均衡提高，没有短板；能结合自身的优势技术形成优势体能支持，有自己的体能长处。

> **提示** 所有 MMA 专项体能素质的训练方法，详见《MMA 综合格斗体能训练全书（全彩图解版）》。

5.2 借助笼边的攻击技术

MMA 大部分比赛在格斗笼中或围绳场地进行，也有在摔跤场进行的。摔跤场进行的比赛有可能规定场地出界规则，围绳战打出围绳边界一般要回到场中重新开始，或者把围绳边的格斗体位关系复制到场中重新开始。

格斗笼中的 MMA 比赛分为八角笼、圆形笼等。MMA 比赛多在格斗笼中进行，由于格斗笼是硬质有界场地，运动员可以利用笼网边界做出很多开放场地没有的技术动作或者战术安排。本节重点讲述如何在笼边进行各种攻防战术安排及针对性训练。

5.2.1 憋角攻击

憋角攻击又分为打击技攻击、顶笼网摔法攻击和绞锁技攻击。

憋角打击技攻击是指将对方憋在笼网边进行组合拳腿或膝肘的攻击。被顶到笼边的一方由于身后没有蓄力空间，不容易打出蓄力重拳或高扫腿，同时闪避与逃脱也少一个运动维度，所以对被憋角的选手很不利。憋角攻击的一方可以进行直摆勾连击，或以肘法、箍颈膝击来一次重击。由于八角笼有八个死角，被憋到这八个死角中的选手更是不利。

憋角顶笼网摔法攻击是指将对方缠抱后推并顶到笼边，在对方后背靠紧笼边的情况下实施笼边摔法的攻击。如果我方长时间将对方顶推压制到笼网上，在裁判打分上，我方占有优势。常见情况有三种：

（1）场中我方进行下潜抱摔，对方后跳步压制防摔，我方摔法不成就借势一路将对方向前推，直到将对方推到笼边。对方到笼边没有空间后退，我方可以顺利抱或拉抽对方腿进行抱摔，接地面砸拳或地面降服。

（2）场中我方抱单腿或双腿成功，对方坐于地面不停推我方身体，试图推伸抽腿站立；我方抱对方双腿不撒手并向前不停顶撞，使其双腿无法抽出。双方一路抱腿攻防顶推，直到对方后背贴于笼边。此时，若对方仍然为坐姿，后背靠笼网，我方最好的攻击是膝击对方脸部，或肘击砸对方头顶，抑或勾拳攻击对方面部，再接骑乘压制等。

> **提示** 膝击坐姿的对手是否合规则，要以当时的赛事为准。

（3）场中我方用打击技将对方连击打到笼边，在笼边被对方站立缠抱；我方将对方顶到笼网，试图笼边抱摔。将对方顶至笼边后，抱腿并抽抱腿摔，接上面情况（2）。

憋角绞锁技攻击是指在笼边实施绞技或锁技（关节技）以降服对方。在笼边实施绞技对地面手臂三角绞影响较大，不容易成型；对裸绞影响有限，而且笼边还可以进行站立裸绞或站立手臂三角绞。同时笼边对使用前臂压颈技术有利好，尤其是对方头部卡在八角笼死角中、颈部靠近墙角、头部枕在笼网上的情形；如果比赛允许踩踏，此时进行踩踏攻击极具杀伤力。

笼边对于关节技使用影响较大，通常只能对对方远离笼网一侧的臂腿进行关节技降服；对于紧靠笼网一侧的臂腿，由于锁住对方后，我方没有扭转身体的空间，故很难实施。

5.2.2 笼边反弹攻击

助跑后一脚蹬踏笼网反弹，同时出超人直拳攻击的技术。本技术属于出奇制胜，不作为常规攻击。

5.2.3 借助笼边打击技

（1）应对笼边抱腿顶网的特殊肘击

对方抱我方左腿并将我方顶到笼边，对方的头扎在我方右腋下。我方依靠笼边顶背并叉开腿，降低重心保持平衡，然后右转身，用右下砸肘攻击对方左头侧，有一定 TKO 概率。

（2）笼边前踢

将对方压制到笼边并抱腿放倒。如果对方背靠笼网站立，采用膝击攻击。如果对方躬身，以 L 形站位试图站起，我方以近侧腿前踢对方下颌或者鼻子。本技术 TKO 概率很高，平时一定要多加训练。

5.2.4 借助笼边的绞技

借助笼边的常用绞技有笼边站立裸绞、笼边站立手臂三角绞。

笼边前臂压颈是指利用对方仰卧倒地，一侧头靠在笼边的机会，对对方另一侧头对应的颈动脉实施前臂尺骨卡压或手部小鱼际卡压。

笼网攻击小结：笼网的存在对于力量大的选手更为利好，若力量大的选手可以把力量小的选手打或推到笼边，并死死将对方压在笼子上，裁判打分会占优；如果在紧靠笼边的位置将对方扭倒在地面，笼边也会限制力量小者使用部分关节技的机会，力量大者可以减少一侧防御关节技的精力，留出更多精力用于进攻。例如，右侧靠笼网下位十字固——到笼边地面位，A 把 B 扭成右侧身紧靠笼网，B 对 A 右臂的下位十字固就难以实施（笼网挡住了 B 的头颈），对 A 左臂的下位十字固也受到影响（因为没有空间压倒 A 的身躯）。